LA REINVENCIÓN DE LA FAMILIA

PAIDÓS CONTEXTOS

Últimos títulos publicados:

39. A. Piscitelli, *Post/televisión*
40. J.-M. Terricabras, *Atrévete a pensar*
41. V. E. Frankl, *El hombre en busca del sentido último*
42. M.-F. Hirigoyen, *El acoso moral*
43. D. Tannen, *La cultura de la polémica*
44. M. Castañeda, *La experiencia homosexual*
45. S. Wise y L. Stanley, *El acoso sexual en la vida cotidiana*
46. J. Muñoz Redón, *El libro de las preguntas desconcertantes*
47. L. Terr, *El juego: por qué los adultos necesitan jugar*
48. R. J. Sternberg, *El triángulo del amor*
49. W. Ury, *Alcanzar la paz*
50. R. J. Sternberg, *La experiencia del amor*
51. J. Kagan, *Tres ideas seductoras*
52. I. D. Yalom, *Psicología y literatura*
53. E. Roudinesco, *¿Por qué el psicoanálisis?*
54. R. S. Lazarus y B. N. Lazarus, *Pasión y razón*
55. J. Muñoz Redón, *Tómatelo con filosofía*
56. S. Serrano, *Comprender la comunicación*
57. L. Mérö, *Los azares de la razón*
58. V. E. Frankl, *En el principio era el sentido*
59. R. Sheldrake, *De perros que saben que sus amos están camino de casa*
60. C. R. Rogers, *El proceso de convertirse en persona*
61. N. Klein, *No logo*
62. S. Blackburn, *Pensar. Una incitación a la filosofía*
63. M. David-Ménard, *Todo el placer es mío*
64. A. Comte-Sponville, *La felicidad, desesperadamente*
65. J. Muñoz Redón, *El espíritu del éxtasis*
66. U. Beck y E. Beck-Gernsheim, *El normal caos del amor*
67. M.-F. Hirigoyen, *El acoso moral en el trabajo*
68. A. Comte-Sponville, *El amor la soledad*
69. E. Galende, *Sexo y amor. Anhelos e incertidumbres de la intimidad actual*
70. A. Piscitelli, *Ciberculturas 2.0. En la era de las máquinas inteligentes*
71. A. Miller, *La madurez de Eva*
72. B. Bricout (comp.), *La mirada de Orfeo*
73. S. Blackburn, *Sobre la bondad*
74. A. Comte-Sponville, *Invitación a la filosofía*
75. D. T. Courtwright, *Las drogas y la formación del mundo moderno*
76. J. Entwistle, *El cuerpo y la moda*
77. P. Darder y E. Bach, *Sedúcete para seducir*
78. Ph. Foot, *Bondad natural*
79. N. Klein, *Vallas y ventanas*
80. C. Gilligan, *El nacimiento del placer*
81. E. Fromm, *La atracción de la vida*
82. R. C. Solomon, *Espiritualidad para escépticos*
84. E. Beck-Gernsheim, *La reinvención de la familia*

ELISABETH BECK-GERNSHEIM

LA REINVENCIÓN DE LA FAMILIA

En busca de nuevas formas de convivencia

PAIDÓS
Barcelona • Buenos Aires • México

Título original: *Was kommt nach der Familie?*
Segunda edición revisada publicada en alemán, en 2000, por Verlag C. H. Beck oHG, Munich.

Ilustraciones de las páginas 72 y 73 reproducidas por cortesía de Norstedts Förlag, Estocolmo.

Traducción de Pedro Madrigal

Cubierta de Mario Eskenazi

ISBN: 84-493-1410-0
Depósito legal: B. 10.579/2003

Impreso en Hurope, S.L.
Lima, 3 - 08030 Barcelona

Impreso en España - Printed in Spain

Sumario

I. La nueva complejidad de la familia 11
Los conceptos ya no cuadran 13
El confuso baile de nombres 16
¿Sólo ruido y humo? 20
Los contornos de la familia posfamiliar 24
Del carácter no sinóptico de la familia de otros tiempos 29
Del ascenso y la caída de un modelo familiar .. 33

II. Cuando la separación se hace normal 37
1. Estabilidad de la familia: pros y contras 40
La discusión en torno a las cifras 40
Ampliación conceptual y redefiniciones..... 45
2. La dinámica de la evolución de la familia ... 49
Normalización de la separación 50
Estrategias de autoprotección..................... 55
El efecto generacional 60
3. Relaciones complicadas: la familia de padres divorciados 65

Un vuelco y un nuevo comienzo 65
Matrimonios sucesivos y parentescos de elección 69
Gestión de los sentimientos y de los vínculos 75
4. Panorama general: de una biografía normal a una biografía de retazos 78

III. La vida como proyecto de planificación 83
1. De la aparición del pensamiento de planificación 85
Labor activa de producción 86
Imperativo de futuro 88
Se extiende el saber de los expertos 90
2. El pensamiento previsor en el campo de las relaciones privadas 94
La pareja a prueba 95
Planificar la paternidad 101
Del diagnóstico prenatal al «embarazo a prueba» 104
Con técnicas médicas de la cuna a la sepultura 111
3. Acerca de las no planeadas secuelas colaterales del proyecto de planificación... 118

IV. Contrato generacional y relación entre sexos 123
1. Expectativas tradicionales: las mujeres como «recursos encubiertos» para la relación entre generaciones 125
El cuidado de los niños es trabajo de mujeres 126
Atender a los mayores es trabajo de mujeres 131
Las mujeres en una carrera de resistencia o lo que es vivir bajo una presión continua... 134

2. Los tiempos cambian: las mujeres como «recursos escasos» en la relación intergeneracional ... 138
El riesgo existencial de tener hijos ... 138
¿Quién presta asistencia en la vejez? ... 144
Cuanto más aumenta la necesidad de cuidados más incierto es a quién incumbe encargarse de ellos ... 150
3. A la búsqueda de nuevos modelos ... 153

V. Queremos un hijo deseado ... 163
1. Paternidad en los tiempos modernos: el mandamiento de fomentar lo óptimo ... 166
2. Las ofertas del diagnóstico prenatal y genético ... 170
Nueva responsabilidad ... 171
La nueva culpa ... 175
Otros países, otros valores ... 178
3. Las promesas de la medicina de la reproducción ... 182
Modelos y selección ... 184
Garantía del producto ... 187
Secuelas colaterales de la optimización ... 190
4. ¿Qué futuro? ... 191

VI. De camino hacia la familia multicultural ... 195
1. Un problema de ordenación de la sociedad ... 195
2. Por ejemplo, en Estados Unidos, ¿quién es un negro? ... 200
Intentos de poner orden ... 202
Confusión, contradicciones, paradojas ... 205
Por qué surgen hoy nuevas controversias ... 207

3. De la historia del nacionalsocialismo: ¿quién es judío? 209
Gradaciones de la segregación 211
En el laberinto de los abuelos «verdaderos» y los «falsos» 215
¿Qué aspecto tiene hoy en día la búsqueda de huellas? 220
4. Conceptos difíciles: la carga de la historia .. 221
5. La República Federal Alemana en la actualidad: ¿quién es alemán? 230
Las perfidias de las estadísticas de los matrimonios y familias internacionales 240
6. De la vida entre varias culturas 243
Esperanza prudente 249

Bibliografía 255

CAPÍTULO I

La nueva complejidad de la familia

En las industrializadas sociedades occidentales de los años cincuenta y sesenta se cantó la glorificación de la familia. En la República Federal Alemana, la familia fue anclada en la Constitución y acogida bajo la especial protección del Estado; en la vida cotidiana la familia constituía el modelo de vida reconocido y al que se aspiraba; la teoría social entonces dominante la consideraba necesaria para el funcionamiento del Estado y de la sociedad. Pero luego, a finales de los años sesenta y comienzos de los setenta, llegaron el movimiento estudiantil y el movimiento feminista, que llamaban a la rebelión contra las estructuras tradicionales. La familia fue desenmascarada como ideología y prisión, como la sede de la violencia y la opresión cotidianas. Lo cual hizo que aquellos que alzaron sus voces en «defensa de la familia burguesa»[1] pasaran a la ofensiva y descubrieran de nuevo en ella el «puerto de un mundo sin

1. Berger y Berger, 1984.

corazón».[2] Había estallado la «guerra por la familia».[3] Asimismo, dejaba de estar claro quién o qué forma la familia: ¿qué formas de relación han de ser designadas con el nombre de familia y cuáles no?, ¿cuáles son normales y cuáles constituyen una desviación, cuáles merecen la protección estatal, cuáles deben recibir una ayuda económica?

Hoy en día, a comienzos del siglo XXI, ha aumentado la complejidad de la situación. Las consignas de principios de los setenta contra la familia han enmudecido y en su lugar va tomando forma —sobre todo en Estados Unidos, pero también aquí entre nosotros— una nueva cruzada que insta a retornar a los «valores familiares».[4] Pero quien deduzca de ello que está ocurriendo un retroceso se equivoca, pues la retórica familiar fundamental es, más bien, una reacción, el intento de un contramovimiento, y no un retorno de hecho a formas y normas de otros tiempos. Como muestran las encuestas, si bien es verdad que en algunos grupos persiste la imagen tradicional de la familia, otros están decididamente en contra y, en la mayoría, se da una mezcla contradictoria de nostalgia por lo tradicional y de nuevas expectativas, que las generaciones y los sexos comparten indistintamente. De esa diversidad de decorados de esperanzas y decepciones que se alzan a partir de esta mezcolanza de relaciones han surgido, en la práctica, multitud de formas de vivir, amar y relacionarse, esperadas por unos, por otros más bien soporta-

2. Lasch, 1977.

3. Berger y Berger, 1983 (edición original en inglés de Berger y Berger, 1984).

4. Stacey, 1995.

das, y que otros, a su vez, impugnan encarnizadamente. Y el resultado de todas estas transformaciones es el siguiente: tanto en la política como en el ámbito científico o en la vida cotidiana, con harta frecuencia ha dejado de estar claro quién o qué constituye la familia. Los límites se hacen borrosos, las definiciones vacilantes; crece la inseguridad.

Los conceptos ya no cuadran

En estas circunstancias es difícil hablar simplemente sobre el concepto de «familia», pues muchos de los conceptos habituales ya no concuerdan con la realidad, suenan anticuados y puede que incluso un poco sospechosos, al ser incapaces de reproducir el sentimiento y la realidad vital de las nuevas generaciones. Tomemos, por ejemplo, uno de los conceptos fundamentales en este ámbito, el de «matrimonio». Enseguida se dice que uno no quiere atarse a una forma ficticia de casamiento. Cada vez es más frecuente el discurso sobre «parejas» y «relaciones de hecho» o de «compañeros», tanto en el campo profesional, en el del tiempo libre o en la vida de todos los días como incluso en formularios oficiales o en tarjetas de presentación. La tendencia actual es hablar del «compañero» o «compañera» que comparte la vida de uno y hasta —con un quiebro irónico— del compañero de un determinado «tramo de la vida».

Claro que en las estadísticas oficiales sigue vigente aún el concepto de «soltero», pero quien piense que los solteros se distinguen por vivir solos se equivoca. Algunos de los incluidos en esta designación de «soltero» conviven con otras personas en una vivienda común.

Otros tienen una relación de pareja estable, pero sin vivir juntos. De esta forma de relación, frecuente en la gran ciudad, se puede decir: «El hecho de tener una vivienda individual y el estado social de soltería no significa, por tanto, una renuncia a la pareja, sino únicamente que dos personas no han elegido la forma de vida matrimonial y, además, han decidido no vivir juntas, prefiriendo esa forma de vida que consiste en *living apart together* ["vida de pareja sin convivencia"]».[5] En este ejemplo se evidencia que se ha ido desplegando un abanico de variantes, una sutil diferenciación de formas de convivencia que no tienen cabida en las categorías usuales de nuestra mentalidad —o bien, como aquí, en las categorías acostumbradas de las estadísticas oficiales sobre los hogares—. El intento, no obstante, de encajar a la fuerza lo nuevo en los viejos compartimentos acaba produciendo, necesariamente, una visión falsa de las cosas.

Resulta aún más complicado cuando hay hijos de por medio. En la sociedad burguesa el prototipo era la unidad para toda la vida, legitimada oficialmente, padre-madre-hijo. En casos de desviación de ese modelo se hablaba de «madres solteras» o «madres no casadas», con la connotación de que el hombre las había abandonado. Implicaba una forma de existencia de mala reputación, una situación como de haber sido utilizada o rechazada, una situación vergonzosa de «muchacha caída». Hoy en día contamos, en cambio, con una nueva categoría, la figura «monoparental», que se ha hecho del todo respetable y que hace su aparición incluso en los círculos de las mejores familias de la burguesía. Este

5. Bertram, 1994, pág. 23.

concepto abarca formas de convivencia diferenciadas: por un lado, la mujer que, habiendo estado casada, se ha divorciado y luego se encarga sola de su hijo o hijos; por otro, la mujer que nunca estuvo casada y que desde el principio cría sola a su hijo (quizá porque así lo ha querido y planeado o acaso porque la relación con el padre quedó rota antes del nacimiento del hijo); y, finalmente, la mujer que según las categorías de la estadística oficial aparece como figura «monoparental», pero, de hecho, no es tal cosa, dado que comparte con el padre mesa y cama, la vida cotidiana y la educación de los hijos, con la salvedad de que ha renunciado al certificado matrimonial y a una legitimación oficial de sus relaciones de hecho. Y la enumeración no es, en absoluto, exhaustiva, pues faltan, por ejemplo, las madres viudas, los hombres que se encargan por sí solos de criar a sus hijos y las parejas de homosexuales con un hijo (no reconocidas como tales parejas con hijo en Alemania).

Por otra parte, gracias a los progresos de las actuales tecnologías médicas, que nos han proporcionado distintas variantes de inseminación artificial, el concepto de «paternidad» o «maternidad» se ha vuelto confuso. Como todo el mundo sabe, antes se decía: *pater semper incertus*, al no poderse afirmar nunca con total seguridad quién era el padre. Hoy, en cambio, es posible formular un enunciado inequívoco: basta con dejarse hacer una prueba genética. Además, existe en la actualidad el donante de semen, que no es más que el progenitor (y esto sólo por vía tecnológica) y que con frecuencia no conoce en absoluto a la madre, ni menos aún habrá tenido un contacto íntimo con ella. Al mismo tiempo también se da ahora la figura de *mater incerta*, pues en tal caso es difícil establecer quién es, realmente, la madre.

Refirámonos, por ejemplo, a la madre de alquiler, que se deja inseminar con el semen de algún donante y que, a cambio de una retribución, lleva a término el embarazo a fin de que una pareja ajena consiga al hijo que desea con tanto anhelo. (No pocas veces se vuelven a encontrar todos ante el juez, donde se discute quién de ellas es la madre «verdadera». ¡Pobre juez!) O pensemos en la mujer mayor que ya está en la menopausia y que decide dejarse implantar los óvulos de una mujer más joven para quedarse embarazada (si bien el hijo que dé a luz no será, desde un punto de vista biológico, hijo suyo). Baste lo dicho acerca de los casos más conocidos; se pueden encontrar muchas variantes leyendo los informes de la medicina que se encarga de la reproducción y la fertilidad. Lo único que aquí nos importa es lo siguiente: gracias a las nuevas opciones de la tecnología médica se hacen posibles formas de paternidad y maternidad que hasta ahora no se habían dado en la historia de la humanidad; es más, parecían completamente inimaginables. A raíz de la aparición de estas nuevas técnicas, hoy en día se distingue entre la paternidad o maternidad biológica y social, siendo posible nuevas combinaciones de ambas.

El confuso baile de nombres

Por añadidura, no sólo la tecnología médica se ha desarrollado en un tiempo récord, sino que también el Derecho familiar ha cambiado, con el propósito, por cierto, de proporcionar nuevas opciones y posibilidades de elección. Por ejemplo, en lo que se refiere al nombre familiar: antes había la institución del nombre familiar y, con él, una señal visible para todos sobre quién pertenecía a la familia. En la actualidad hay en una escuela londinense un niño de seis años que no tiene ningún apellido. Antes sí tenía, incluso dos. Sus padres, que vivían juntos desde hacía mucho tiempo aunque sin estar casados, habían decidido dar a sus tres hijos, de modo oficial, un doble apellido. Dado que éstos resultaban un poco complicados en la vida ordinaria, los padres acordaron que las dos niñas llevaran en el trato diario el apellido de la madre y el niño el del padre. Pero cuando la pareja se separó, hecho que ocurrió de una forma más bien conflictiva, la madre se dirigió a la escuela con el ruego de que cambiasen el apellido de su hijo. El padre sólo se enteró de ello cuando el niño llegó con las notas. A continuación, el padre se presentó en el colegio exigiendo un nuevo cambio en el apellido de su hijo. La escuela accedió, pero manifestando al mismo tiempo que se vería obligada a ceder si la madre, por su lado, volvía a pedir otra vez que se cambiase el nombre del niño. En el ínterin, el caso ha sido puesto en manos de las autoridades competentes. Mientras el tema está pendiente de resolución, los cuadernos del muchacho y su cajón en el armario sólo tienen escrito su nombre de pila.[6]

Concedamos que esta historia es un caso raro, no la regla. Para el Derecho alemán no habría sido posible. Pero desde que en Alemania rige una nueva ley sobre los nombres han tenido lugar también aquí cambios interesantes. Nos podemos referir, por ejemplo, al caso de Stephanie Scholz, una joven casada: cuando se introdujo la nueva ley sobre los nombres familiares, la

6. Gay Younge, «On first name terms only», *The Guardian*, 19 de junio de 1996, pág. 9.

madre de Stephanie volvió a tomar su apellido de soltera, Curtius —decidida a continuar la tradición de la casa paterna, que, en el ámbito político, no carecía totalmente de importancia—. En consecuencia, sus hijos menores de edad, y que hasta entonces se habían llamado Scholz, fueron rebautizados, a su vez, con el nombre de Curtius, cosa que a sus hermanos mayores de edad no les estaba permitido, pero que también querían hacer, sobre todo porque eran los únicos de la familia que seguían llamándose Scholz. Y dado que Stephanie, también mayor de edad, está dispuesta a iniciar los trámites judiciales para obtener el apellido Curtius estando, como está, casada con el apellido Scholz, y ella y su marido aspiran a llevar a largo plazo el apellido Wich-Curtius, por ahora siguen conservando los nombres que tenían, a la espera de un nuevo cambio en el Derecho familiar.[7]

Admitamos que tampoco esta historia representa un caso normal. Pero lo cierto es que ya ha quedado atrás la época en que el párrafo 1.355 del Derecho civil determinaba de forma lapidaria: «La mujer recibe su nombre familiar del marido», determinándose con ello al mismo tiempo también el apellido de los hijos. Desde 1977 se han hecho posibles, paulatinamente, nuevas formas y combinaciones, completadas por regulaciones transitorias con un plazo determinado. De modo que ahora uno puede decidirse por un nombre familiar común (sea éste el apellido de la familia del padre o el de la madre); o cada miembro de la pareja puede ostentar un doble apellido; o ambos pueden recobrar

7. Anja Dilk, «Das neue Namensrecht in der Praxis: Großes Durcheinander», *Die Zeit*, 12 de mayo de 1995, pág. 77.

sus apellidos de solteros; o, en un caso dado, renunciar al apellido de su ex compañero separado; o bien decidirse, tras años de vida en común —cada uno con un apellido distinto—, por un mismo apellido. Y estas regulaciones no sólo son de principio, sino que cada vez se hace más uso de ellas. Tal como hace saber la asociación de Registros civiles, el 20% de los que contraen matrimonio ya no accede, como era tradicional, a llevar el nombre familiar del hombre, sino que prefiere otras variantes.[8] Pero lo que resulta tan fácil en el papel genera en la práctica no poca confusión, ya que en muchos ámbitos de la realidad siguen persistiendo las antiguas expectativas y costumbres. «La vecina del primer piso no acaba de entenderlo. Después de dos años ella sigue llamando a Bernhard Hammas "señor Galal", pues se encuentra frecuentemente en la escalera con su mujer, la señora Galal. Es este nombre el que ella ha retenido. Pero no comprende estas nuevas regulaciones. Shadea Galal y Bernhard Hammas están casados desde 1991. Sin embargo, cada uno de ellos conservó su propio nombre familiar. Para Shadea Galal no se trata únicamente de mantener su apellido egipcio de alta alcurnia, sino que también ve en él una parte de su identidad.» Cuando tiene lugar, como aquí, la decisión de conservar cada uno su nombre respectivo, las secuelas en la vida cotidiana constituyen pequeños contratiempos: cartas con las señas incorrectas, tarjetas que reservan la mesa a una inexistente señora Hammas, Hammas-Galal o Galal-Hammas. Tampoco resulta más fácil llenar formularios, dado que con frecuencia, por ejemplo en los impresos para la declaración de la renta, no hay

8. *Süddeutsche Zeitung*, 28 de abril de 1995, pág. 18.

ninguna casilla donde se pueda poner el apellido propio de la mujer. Ésta sólo lo puede añadir, sirviéndose de un asterisco, en el reverso de la hoja, lo cual no deja de suponer también un inconveniente: «Jadine Kirchner, casada desde hace casi dos años con Sven Hohmann, encontró los papeles de su declaración de la renta, que se habían dado por perdidos, en la letra H, con el apellido de su marido. Automáticamente habían sido ordenados bajo esa letra. Shadea Galal y Bernd Hammas sólo podían ultimar trámites bancarios conjuntos enseñando previamente su libro de familia. "Dos hermanos, en cambio, pueden presentarse fácilmente como un matrimonio", dice Shadea Galal. "En este caso nadie trata de indagar, sólo porque llevan el mismo apellido." Sven Hohmann siempre lleva en su cartera un certificado legalizado de su matrimonio, para, en caso de accidente de su querida esposa, no ser puesto de patitas en la calle a la puerta del hospital». Y con el nacimiento de un hijo recibe este asunto del nombre su elemento de mayor peso: «En el jardín de infancia, en la escuela o en el vecindario quien no lleve el mismo apellido del hijo a duras penas será tenido por padre o madre suyo si no lo demuestra documentalmente. O bien el retoño es considerado como descendencia extramatrimonial».[9]

¿Sólo ruido y humo?

Para muchos, las nuevas opciones creadas —las combinaciones de nombres o los nombres combina-

9. Dilk, 1995 (véase la nota 7).

dos— no representan más que una moda superflua, complicada, nada práctica y, además, que genera confusión, «pues ya no se puede ver, en absoluto, quién y cómo pertenece a qué». Pero un modo así de ver las cosas sigue vinculado a la superficie. No capta los estratos profundos que subyacen a este cambio, que busca expresarse en señales externas. Si Anna Kahn, cuando se casa con Walter Gruhl, quiere seguir llamándose Kahn, esto es un síntoma de un cambio de mayor alcance en la vida de las mujeres, a saber, de su aspiración a conservar un trozo de su «propia vida», a la que también pertenece, simbólicamente, el propio apellido.[10] O más en general, dicho de un modo neutro respecto al sexo: cuando dos personas se unen en matrimonio y toman la decisión de mantener cada una un nombre distinto, eso es un síntoma de una aspiración a la autonomía que hoy en día rige en el marco de las relaciones y que es ejercida por ambos cónyuges —no siempre, pero cada vez más—, y es síntoma también de una voluntad de mantenimiento y acentuación de la propia biografía, origen e identidad, de una aspiración a conservar un territorio propio incluso con una vida en común. Aparte de esto, podría desempeñar en todo ello un papel, aunque no se diga ni confiese, la experiencia de que las promesas matrimoniales no representan actualmente ningún certificado de garantía de la duración del enlace, y que, por mucho que se quiera, la pareja no se sostiene necesariamente toda una vida. En estas circunstancias, acaso lo más inteligente o, en cualquier caso, lo más cauto es no adoptar un nuevo nombre, el cual en algún caso puede

10. Véase, sobre este punto, Beck-Gernsheim, 1984; Beck, 1995.

resultar no poco molesto, sea porque una quiera desprenderse de él o porque, con ello, una sigue llevando consigo el nombre del ex compañero.

Y de un modo similar a como los nombres de los miembros de la familia no son meramente ruido y humo, sino que portan ya dentro de sí la historia del cambio social —por ejemplo en las relaciones entre los sexos—, así tampoco son indiferentes los conceptos que usan los estudiosos y los políticos que se ocupan de la familia para designar esta realidad. También estas denominaciones hacen referencia a esa transformación de fondo que tiene lugar y, sobre todo, a las polémicas suscitadas al respecto. No es meramente arbitrario ni pura sutileza académica que se hable de la «familia» en singular o de las «familias» en plural,[11] o bien se deje de lado el concepto estándar de «familia», sustituyéndolo por conceptos como «formas de vida familiar» o, simplemente, «formas de convivencia».[12] Más bien se trasluce aquí una discusión sobre la dirección que toma

11. «The year 1980 was to be the "Year of the Family", to be celebrated by a White House Conference on the subject. It was during the endless seminars and colloquia preparing this Conference that the question of definition surfaced dramatically. During this preparatory period, a radical semantic shift took place in the definition of the family [...]. The change was from speaking about *the family* to speaking about *families.* At first glance, this may seem an innocent shift, from the singular to the plural [...]. Upon closer scrutiny, the shift reveals itself as anything but innocent: It gave governmental recognition to precisely the kind of moral relativism that has infuriated and mobilized large numbers of Americans» (Berger y Berger, 1983, pág. 59).

12. «En los años cincuenta y sesenta no existía aún, prácticamente, el concepto sociológico de "formas de convivencia". Se hablaba de la "familia" y de la "sociología familiar". Al fin y al

esta cuestión, en torno a la cual se libra una lucha encarnizada y constante: ¿hay que atenerse a la imagen de la familia tradicional —a aquella unidad padre-madre-hijo, legitimada oficialmente y vinculada de por vida—, se debe ver en ella la forma correcta, la normal, la adecuada?; ¿hay que considerar las otras formas, en comparación, como imperfectas y desviadas, deficientes y disfuncionales?; ¿o no habrá, más bien, que rechazar la prerrogativa de preferencia que ostenta la forma tradicional?; ¿se debe tener en cuenta todo lo que surja en este ámbito de las formas de convivencia y las relaciones que transciendan la familia normal tradicional? Y cuando estas formas nuevas pidan, con plena conciencia de lo que significan, un reconocimiento y soliciten los mismos derechos —por ejemplo, en lo referente a la herencia, a los impuestos, ante autoridades y oficinas públicas—, ¿hay que acceder a ello o no? O, para ser más concretos, retomando el tema de las modernas tecnologías médicas: ¿las posibilidades de la inseminación artificial sólo deben ser accesibles a quienes estén casados, dado que este marco es el que sigue ofreciendo más garantías para una buena crianza del hijo?, ¿o todo aquel que desee un hijo, sea quien sea —parejas no casadas, incluyendo las de homosexuales, y hasta los que

---

cabo, las nueve décimas partes de los grupos de edad correspondientes en Alemania estaban casados y más de las nueve décimas partes de ellos tenían hijos. Sin embargo, la creciente diferenciación en el entramado de la convivencia diaria pedía un "techo conceptual más amplio". Dado que apenas era posible ampliar el concepto de "familia" [...] y, en todo caso, no podía incluir a los que vivían solos y a las parejas no casadas, se hizo necesario un aparato conceptual más abstracto, tal como lo tenemos en el concepto de "formas de convivencia".» (Hradil, 1996, pág. 61 y sigs.)

no forman pareja—, debe tener acceso a estas técnicas, ya que el niño necesita dedicación y cariño, no un sello de las autoridades?; ¿o bien reconociendo, no obstante y en principio, el derecho a la propia existencia de las formas más diversas de vida, cuando se trate de un procedimiento de paternidad planificada mediante técnicas médicas se ha de poner como condición previa al menos un estatus de pareja estable, a fin de poder cubrir las necesidades del niño? Pero ¿cómo se definen estas necesidades y con qué baremo se miden?

Los contornos de la familia posfamiliar

Con esto estamos totalmente inmersos en el tema que los capítulos que siguen abordarán desde distintas perspectivas y con especial hincapié en los diversos puntos del mismo. Ya podemos exponer el pensamiento fundamental que después desarrollaremos: se trata de considerar qué es lo que pasa cuando los postulados de antaño —anclados en la relación, la tradición, la biología y demás— si bien no desaparecen del todo, han perdido mucha de la fuerza que tenían; cuando, en consecuencia, surgen nuevas posibilidades de elección, nuevas opciones y espacios de decisión; cuando todas estas cosas no flotan, evidentemente, en el aire y fuera de la sociedad, sino que contienen, en su otra cara, una nueva serie de regulaciones sociales, imperativos y controles. Por formularlo sociológicamente, se trata de ver cómo afecta el impulso de la individualización de los últimos decenios al ámbito de la familia, el matrimonio o la paternidad. En suma, se trata de comprobar cómo va surgiendo, en las actuales circunstancias de individualización, un campo de tensiones históricamente nuevo, que probablemente no hace que las relaciones sean más fáciles, pero sí más estimulantes.

Nos podemos preguntar qué pasa luego con esta cuestión provocativa: ¿qué vendrá después de la familia? Muchos piensan que quien habla de la individualización habla, con ello, del fin de la familia y ve ya en el horizonte una *single-society*.[13] Pero esto es un malentendido, y no menor. La imagen que intentarán dar los capítulos que siguen no es tan sencilla ni unidimensional. En el centro del tema se percibe, más bien, un campo de tensiones que ya, por su planteamiento, presenta más de un estrato y trae consigo sus propias contradicciones y paradojas, y esto no únicamente de un modo casual, sino que en el curso de esos procesos de individualización se generan ambas cosas: la aspiración a una parcela de vida propia *y* la nostalgia de una vinculación, una cercanía, una comunidad. En estas condiciones, la respuesta a la pregunta sobre qué es lo que vendrá después de la familia resulta de lo más fácil: ¡la familia! De otro tipo, mejor, la familia pactada, la familia cambiante, la familia múltiple, surgida del fenómeno de la separación, de nuevos matrimonios, de hijos de pasados o presentes familiares tuyos, míos, nuestros; el crecimiento de la familia reducida, la unión de individuos aislados, el cuidado y énfasis de la misma, debido en gran medida al carácter de monopolio que va adquiriendo como un mundo alternativo viable en la sociedad de riesgo y bienestar actual, desgajada de la tradición, abstracta y caracterizada por las catástrofes.[14]

13. Así, por ejemplo, Hradil, 1995, pág. 82 y sigs.
14. Beck y Beck-Gernsheim, 1990, pág. 14.

Visto así, no se ha de esperar (enfrentándonos de nuevo con los malentendidos) que las personas, que se habrían vuelto egoístas y hedonistas, sólo vivan según sus propias necesidades y con los flancos cubiertos, difundiéndose una serie de relaciones desordenadas y hasta salvajes. Pero probablemente sí se ha de esperar que cada vez haya más personas para quienes las fases estables de su vida se vayan turnando con otras —antes del matrimonio, después del matrimonio, con certificado o sin certificado de casamiento— donde el hombre o la mujer juega, experimenta con distintas formas de relación, y esto en parte por propia voluntad, en parte de forma forzada. Y se ha de esperar también, no lo olvidemos, que en la vida cotidiana incluso de las relaciones estables puedan surgir, hoy en día, muchas más preguntas —dado que antes no había tales opciones, o únicamente en raros casos excepcionales, o bien porque los postulados vinculantes de antaño se han quebrado— que ahora exigen decisiones conscientes y que generan numerosos conflictos, no siendo raro que adquieran, consecuentemente, su propia dinámica y dramatismo, lo cual con frecuencia coge desprevenidos y perplejos a sus partícipes. Indiquemos, de todo ese conjunto de cuestiones, únicamente un par de ellas, y no de carácter excepcional, sino referidas al ámbito más estrictamente cotidiano, y que serán abordadas reiteradamente también en los capítulos siguientes.

¿Queremos vivir juntos, o bien cada uno mantendrá su propia vivienda, acaso sólo de momento, pero quizá también después? ¿Queremos tener hijos ahora o lo dejamos para más tarde, o preferimos no tenerlos, o bien posponemos la decisión dejándola abierta? Si resulta que no podemos tener hijos por vía natural, ¿queremos intentarlo con los métodos de la inseminación artificial?; de ser así, ¿por cuáles de las propuestas de toda la gama de técnicas médicas queremos optar? Si uno de nosotros encuentra en otra ciudad un puesto de trabajo bien pagado y más seguro, ¿se ha de mudar hacia allí toda la familia, o probamos con una forma de matrimonio de fin de semana y pendular? Cuando vengan las vacaciones escolares, ¿quién se encarga de los hijos, qué hacer en caso de que enferme alguno y qué ocurre si también la abuela está de viaje? ¿Y si los suegros necesitan más ayuda en la vida cotidiana, si el abuelo precisa de cuidados, quién atenderá a los niños? Si mi marido me ha dejado o yo le he dejado a él y ambos vivimos en una nueva relación estable, ¿debo seguir invitando a mis ex suegros en el cumpleaños de mis hijos, mantener el contacto con esa rama familiar? Y si mi pareja es extranjera, ¿nos quedaremos aquí para siempre o bien iremos algún día a vivir a su patria? ¿Deben nuestros hijos ser bilingües, tener las dos nacionalidades, y cuál es la identidad que les queremos transmitir?

He aquí una serie de preguntas que reflejan las expectativas y decepciones, posibilidades y contratiempos de la vida que tiene lugar bajo las condiciones actuales de individualización. Una serie de cuestiones que, en la vida cotidiana, desarrollan una fuerza subversiva y, no pocas veces, también una solapada, duradera, insistente perversidad. Y hay algo, sobre todo, que se hace evidente: en la vida de una persona cada vez son menos las cosas que quedan decididas de una vez para siempre. Cada vez es más frecuente que se tenga que empezar de nuevo, tomar nuevas decisiones. Allí donde se abra paso la dinámica de la individualización, se precisará de más empeño que antes para mantener aún unidas las distintas biografías de los integrantes de la familia. ¡Cuántos dramas y cuánta diplomacia requiere algo así! Mientras que en el pasado se podía recurrir simplemente a las reglas y rituales habituales, hoy en día tiene lugar toda una escenificación de la vida cotidiana, una acrobacia de sintonizaciones y compensaciones. El resultado es que la unión familiar se hace frágil, amenazada por la ruptura allí donde no tengan éxito los esfuerzos de sintonización. Es verdad que los seres humanos siguen viviendo con una serie de vínculos, pero estos vínculos son ahora de otro tipo, por lo que respecta a su alcance, obligatoriedad y duración.

Esto no significa que la familia tradicional desaparezca, que se desvanezca. Pero es evidente que pierde el monopolio que antes tenía. Su importancia cuantitativa se ve reducida, apareciendo y difundiéndose nuevas formas de convivencia que no es que apunten a que la gente viva sola, por lo menos la mayor parte, sino más bien a vinculaciones de otro tipo, por ejemplo: sin el certificado matrimonial o sin hijos; familias monoparentales, una segunda familia o parejas del mismo sexo; relaciones de fin de semana o con compañeros para un tramo de la vida; vidas compartidas con varios hogares o con la residencia en diferentes ciudades. Van surgiendo más y más formas de transición y formas secundarias, formas preliminares o formas epilogales. Así se delinean los contornos de la «familia posfamiliar».

Del carácter no sinóptico de la familia de otros tiempos

¿Qué hay de esencialmente nuevo o sensacional en todo esto?, puede preguntar alguien a la vista del diagnóstico que hemos hecho.[15] También en siglos pasados había variedad en las formas de convivencia, no únicamente la basada en la familia unitaria. En los libros de historia se puede leer de reyes, príncipes, duques que contraían «matrimonios morganáticos», mantenían de forma oficial a sus amantes y procuraban a sus hijos ilegítimos títulos de nobleza y propiedades. Si estudiamos los datos que nos suministra la historia de la sociedad, podremos descubrir estadísticas en las que no son pocas las regiones que muestran, ya en el siglo XIX, un alto índice de nacimientos extramatrimoniales, incluso en una proporción mayor que la actual. Y si hojeamos viejos registros de parroquias y libros de genealogías familiares, encontraremos constancia de numerosos matrimonios en segundas y terceras nupcias y todo tipo de hermanastros:

> Por ejemplo, el caso del comerciante de Francfort Peter Anton Brentano. Nacido en 1735, se casó primeramente con una prima suya, que le dio seis hijos y murió en 1770. Tres años después contrajo matrimonio por segunda vez: con Maximiliane von La Roche, mujer de 17 años, es decir, veintiún años más joven que él. En veinte años de matrimonio, ésta trajo al mundo doce hijos y murió en 1793, a la edad de 37 años. Brentano se casó por tercera vez y tuvo, con su nueva mujer, también mucho más joven que él, dos hijos más, hasta que murió en 1797. Y otro

15. Véase, para lo que sigue, Frevert, 1996.

caso similar, si bien menos conocido, es el del comerciante, de 27 años, Johann Peter Müllensiefen, que en 1756 se unió en matrimonio con Anna Elisabeth Heuser, hija de un propietario rural, la cual murió en 1763, después de dar a luz a tres hijos; un año más tarde se casó de nuevo con Anna Maria Birkenbach, la cual, después de parir a dos hijos, pasó a mejor vida en 1770; a los dos años volvió a contraer matrimonio por tercera vez y tuvo con su nueva esposa dos hijos más. El hijo del segundo matrimonio, Peter Eberhard, nacido en 1766, se contentará con dos matrimonios: el primero, celebrado en 1794, sólo durará tres años, que es cuando muere su mujer, Minna, en su primer parto; cinco meses después de su muerte, el viudo contrae de nuevo matrimonio. Su segunda mujer, once años más joven, muere poco después de dar a luz a su noveno hijo, a la edad de 37 años. Müllensiefen, que entonces cuenta 48 años, no volverá a casarse.[16]

¡Cuántos cambios, qué difícil hacer una sinopsis del fenómeno incluso entonces! Fascinados por el final abrupto de todos esos matrimonios y la prontitud con que realizaban nuevos esponsales, no dejemos de constatar, entre paréntesis, lo que constituye la diferencia con lo que ocurre actualmente y en lo que la analogía histórica encuentra sus límites: en siglos pasados ese mayor número de una serie continuada de matrimonios y familias venía condicionado por el alto índice de mortalidad. Hoy, en cambio, esto es una consecuencia de la alta incidencia de los casos de separación. En aquellos casos se trataba, por tanto, de un golpe del destino venido de fuera; en los actuales, de un acto de la voluntad,

16. *Ibid.*, pág. 5.

que se funda en la decisión de la propia persona (al menos de uno de los miembros de la pareja). Y esto no constituye una diferencia de poca entidad, al contrario. En lo que respecta a la experiencia personal de la muerte del cónyuge se daba, ciertamente, un sentimiento de pérdida, luto, dolor, pero no precisamente esa amargura especial de las emociones, esas acusaciones, injurias y ofensas recíprocas que tan frecuentemente acompañan, hoy en día, al fenómeno de la separación de la pareja; por no hablar de la disputas posmatrimoniales, las luchas con el ex consorte a causa de los hijos, la manutención o la distribución de los bienes comunes; y menos aún los típicos elementos que integran el paquete de la separación, los cuales, considerados en su estructura social, contienen su propia dinámica e impulsan la espiral de la individualización de la persona.[17] Y lo que debemos señalar, sobre todo, es que aquellas familias en serie no representaban, en absoluto, ninguna transgresión contra mandamiento alguno; más bien se tomaba al pie de la letra la fórmula del matrimonio: «Hasta que la muerte os separe». Hoy, en cambio, esas familias continuadas son un indicio de que justamente el modelo se ha quebrado. Si uno de cada tres matrimonios acaba ante el juez con la solicitud de la separación, como ocurre actualmente en Alemania, y en otros países occidentales todavía más, nadie podrá seguir diciendo en serio que el matrimonio en cuanto comunidad de por vida sea algo institucionalizado como un imperativo universalmente reconocido y respetado por todos. En vez de eso, aquella vieja fórmula que unía a los es-

17. Véase, sobre este punto, el capítulo II: «Cuando la separación se hace normal».

posos se ve sustituida, en la práctica, paulatina y solapadamente, por algo así como «mientras la cosa vaya bien», que vendría a decir con otras palabras: seguiremos juntos mientras queramos, lo cual, aunque no se reconozca, deja el camino de la propia vida abierto a nuevas opciones, nuevos estímulos y vínculos.

¡Cosa distinta era la historia de los grandes señores y nobles! Sin que tengamos aquí la intención de escribir en detalle la historia de sus barraganas, segundas esposas y queridas, podemos considerar como históricamente probado que muchos de ellos acostumbraban a llevar, también en este aspecto, un alto tren de vida. Podían, al menos en las épocas del apogeo de su poder, permitirse multitud de cosas que estaban vedadas a los súbditos, tanto en asuntos de amor como en otros ámbitos. Nadie podía osar oponerse a ellos, y quien lo hiciera arriesgaba su vida. Tomemos, por ejemplo, al legendario Enrique VIII de Inglaterra con sus seis mujeres: para llegar a este número, mandó quitar de en medio, por la vía de la decapitación, a una de aquellas esposas que se habían convertido en una carga para él, arreglándoselas incluso para fundar una nueva Iglesia de Estado, no siendo el menor motivo que le empujó a hacerlo el hecho de posibilitar su propio divorcio. Es fácil ver que tales salidas no son accesibles a cualquiera. Cuando luego los tiempos se democratizaron, hasta los señores tuvieron que irse sometiendo a determinados mandamientos. Recordemos a Eduardo VIII, un sucesor, en una época distinta, de aquel Enrique: cuando en los años treinta del siglo XX entregó su corazón a la señora Simpson, que estaba divorciada, y dado que él no quiso dejarse disuadir de su decisión de hacer de ella su esposa con una unión oficialmente legitimada, se vio obligado a renunciar a la corona. ¡Pobre, distinto hubiera sido de vivir un poco más tarde! Entretanto, a finales del siglo XX las historias de cama y los romances de amor, los dramas conyugales y de separación matrimonial de la realeza británica llenan las columnas de las publicaciones del género sensacionalista. Pero esto ya no significa ahora que los grandes señores vivan según sus propias leyes, sino todo lo contrario: que los viejos modelos han quebrado y, además, de un modo totalmente democrático, en todas las capas sociales, de las más altas a las bajas. En un país como Gran Bretaña, donde actualmente acaban en separación alrededor del 40% de los matrimonios, las agitadas historias familiares de los diversos miembros de la familia real no constituyen, en absoluto, una excepción, sino que corresponden a la tendencia general (sólo que a ellos les apunta más directamente la luz de los focos). ¿Y para qué se tiene uno que casar?, se pregunta el príncipe Carlos, él mismo divorciado, encontrándose con la también divorciada Camilla, entregándole su corazón, pero no su mano. Su tío Eduardo ni pudo ni quiso hacer tales distinciones.

Del ascenso y la caída de un modelo familiar

Los ejemplos históricos aducidos no nos proporcionan sino fragmentos reducidos, no una imagen general de *la* familia a través de las distintas épocas, regiones y capas de la población. Pero nos transmiten, al menos, una indicación de que aquella forma de familia que nosotros calificamos simplemente de «tradicional» no estaba vigente, en absoluto, desde los inicios de la historia humana, por lo que no era la única «natural» y correcta. Esa forma de familia, según nos hacen conocer diferentes investigaciones históricas, se habría desarrollado, más bien, en una época relativamente tardía, en parte bajo la influencia del cristianismo y sus enseñanzas, y fundamentalmente con el paso de la sociedad preindustrial a una sociedad industrial, con la transformación que experimenta la familia como comunidad económica y de trabajo, con el ascenso de la burguesía en los siglos XVIII y XIX. Éstas fueron las condiciones en que el modelo de la llamada familia «tradicional» —la comunidad de por vida del complejo padre-madre-hijo, oficialmente legitimada, vinculada íntima y emocionalmente— llegó a su culminación, comenzando también a difundirse cada vez más en la realidad, si bien ya desde el principio tuvo que abrirse paso a través de resistencias de todo tipo.

Consideremos, como un último ejemplo histórico, aquellas regiones en las que las estadísticas demográficas constatan, en el siglo XIX, un alto porcentaje de nacimientos extramatrimoniales. ¿Sería lícito concluir de ello que las costumbres eran más libres, o incluso que las relaciones dominantes eran «salvajes»? Quien espere algo así quedará decepcionado. De los estudios históricos, del trasfondo de la estructura social descrito en ellos se deduce, más bien, que estamos ante relaciones totalmente ordenadas, duraderas e incluso socialmente reconocidas. Los obstáculos que se oponían a la unión matrimonial oficial se fundaban en circunstancias externas (regulaciones hereditarias de los campesinos y prohibición del matrimonio para gente sin propiedades). En un estudio, en el ámbito de la historia social, sobre los nacimientos extramatrimoniales en Austria podemos leer: «Este mantenimiento de la servidumbre en el hogar es la causa principal de la soltería, pues una costumbre del campo es que el hijo o la hija sea empleado como sirviente o sirvienta en la hacienda del padre o en otra hacienda, y que el hijo sólo se case cuando haya heredado al padre. Por ello, era frecuente que el hijo tuviera que esperar años para contraer matrimonio con la novia elegida».[18]

«La novia elegida»: esta fórmula nos muestra en el fondo lo que se buscaba. Uno quería casarse, pero no podía hacerlo, en todo caso, antes de recibir la herencia. De la eficacia del matrimonio como norma en el siglo XIX nos da también una idea el hecho de que la lucha entablada en aquel siglo por el Derecho familiar fuera una lucha en pro del matrimonio y que lo reivindicaba; más exactamente, en favor de regulaciones que hicieran accesibles a las personas de todas las clases y estamentos con propiedades una unión «legítima».[19] Y precisamente esto cambia hoy en día: hoy, a principios del siglo XXI, los impedimentos externos del matrimonio hace ya mucho tiempo que han sido eliminados y, sin embargo, cada vez son más las parejas que conviven sin casarse, y no pocas de ellas siguen así, con esta forma de vida, incluso cuando tienen hijos. Es decir, no coaccionadas por circunstancias externas, sino voluntariamente, por decisión propia: ya no ven ningún sentido ni sienten ninguna necesidad de legitimar su unión con un sello oficial.

Resumamos lo dicho para sacar la lección pertinente de esos ejemplos de la historia: es verdad que también en otros tiempos hubo toda una gama de formas

18. Hecke, citado en Haslinger, 1982, pág. 9.
19. Blasius, 1992, pág. 82.

de convivencia en pareja, no únicamente la de la familia unitaria. Pero mientras que esto tenía que ver, la mayoría de las veces, en tiempos pasados, con circunstancias externas, hoy se funda en la propia decisión. Aquellas personas que hoy en día no llevan su vida conforme al modelo de la llamada familia normal lo hacen, con frecuencia, porque para ellas ya han dejado de tener sentido las valoraciones sobre lo que es «normal» o una «desviación» de lo normal, o quizá también porque, si bien ellas mismas lo intentaron una vez, esa forma de vida en pareja se reveló como algo insostenible. Por formularlo de una forma más enfática: donde antes, ciertamente, había muchas excepciones, pero expresamente también un conjunto de reglas que se mantenían en pie, hoy en día ya ha dejado de estar claro qué cosa es una excepción y qué es una regla. Y, sobre todo, ya no está claro dónde pueden encontrarse orientaciones e indicadores a la medida de las nuevas cuestiones y decisiones ante un mundo globalizado, ante esa serie de opciones que hace posible la ciencia y la técnica, ante los riesgos que conlleva el mercado laboral, ante el conjunto de todos esos desarrollos actuales que colman el ámbito de lo privado.

En una palabra, para no pocas personas de edad media y avanzada, y muchas más de las pertenecientes a la joven generación, la situación está como sigue: el paisaje de la vida familiar se ha abierto, el terreno se ha hecho inseguro. Cada vez hay más gente que hace un bricolaje de sus propias formas de vida en común, a base de decorados móviles de estas o aquellas expectativas y esperanzas, algunas veces con éxito y otras sin él. Éste es el material del que surge la falta de carácter sinóptico de los nuevos fenómenos.

CAPÍTULO II

Cuando la separación se hace normal[1]

El proceso de separación resulta animado.

JOSEF SCHMID, demógrafo[2]

En tiempos en que el matrimonio es una decisión revocable, hasta la separación tiene algo de monótono. Goza de una popularidad que a uno le puede repeler.

WOLF WONDRATSCHEK, escritor[3]

Andrew J. Cherlin, uno de los estudiosos de la familia más conocidos en Estados Unidos, publicó en 1981 un libro titulado *Marriage, Divorce, Remarriage* [«Casarse, divorciarse, volverse a casar»]. En el prólogo de su reedición de 1992, Cherlin escribe, con ánimo de reproducir el cambio de las formas de vida y relación ocurrido en ese lapso de tiempo, que el título ahora debería ser algo así como: *Cohabitation, Marriage, Divorce, More Cohabi-*

1. Algunos apartados de este capítulo retoman argumentos desarrollados ya en Beck-Gernsheim, 1996a.
2. Schmid, 1989, pág. 10.
3. Wolf Wondratschek, «Die Ehe», *Süddeutsche Zeitung*, 13 de noviembre de 1996, pág. 13.

tation, and Probably Remarriage [«Cohabitación, matrimonio, divorcio, más cohabitación y probablemente un nuevo casamiento»].[4] Dado que un título de estas características evidentemente sería demasiado largo y poco práctico, sigue en pie el antiguo. Pero para mostrar de una forma plástica la creciente multiplicidad de formas de relación, Cherlin comienza con una hipotética historia:

> Cuando Bill tenía 10 años, sus padres se separaron y se divorciaron. Él vivía en casa de su madre y veía a su padre los sábados. Cuatro años después su madre se casó de nuevo, y así Bill tuvo un padre más, su padrastro. A los 18 años, Bill dejó la casa materna para ingresar en un College, y después del examen final él y su amiga se fueron a vivir juntos. Un año y medio más tarde se casaron y pronto tuvieron un hijo. No obstante, a los pocos años el matrimonio se fue distanciando. Bill y su mujer finalmente pidieron el divorcio, y la mujer obtuvo la custodia del niño. Tres años después, Bill se casó con una mujer que tenía un hijo de un matrimonio anterior, y juntos engendraron un nuevo hijo. El segundo matrimonio de Bill duró treinta y cinco años, hasta su muerte.

Como Cherlin añade, una historia así no es, ni siquiera hoy en día, precisamente corriente y representativa para la mayoría, pero lo nuevo en todo ello es lo siguiente: «La mayoría de la gente joven no pasará hoy en día por todos los acontecimientos señalados en este ejemplo, pero si en un futuro próximo no retroceden las cifras de matrimonios, separaciones, nuevos matrimonios y convivencia extramatrimonial, pronto será mucha gente. Y serán todavía más las personas jóvenes

4. Cherlin, 1992, pág. VII.

que presentarán historias familiares apenas menos complicadas. En los años cincuenta alguien con una historia familiar así hubiera sido la excepción. En los noventa, en cambio, ya no resulta nada extraordinario».[5]

Si tenemos una panorámica de la discusión que se desarrolla actualmente en Estados Unidos en el ámbito de las ciencias sociales, podemos decir que la inmensa mayoría de los colegas de Cherlin se adherirían a esta valoración de las cosas. Otra, en cambio, es la situación entre los estudiosos de la familia en Alemania. Aquí la discusión está más escindida, caracterizándose por una serie de polarizaciones y frentes que presentan una fuerte carga emocional. La disputa gira tanto en torno a hechos como a valoraciones y detalles, pero también en torno al marco y núcleo fundamental de la cuestión. Algunos estudiosos ven en ello revoluciones masivas, y acaso hasta el fin de la familia tradicional; otros se manifiestan en contra de eso que ellos llaman un continuo hablar por hablar sobre la crisis de la familia, contraponiendo su visión de que la familia sigue viviendo, de que el futuro pertenece a la familia; un tercer grupo se mueve entre los otros dos, prefiriendo hablar de tendencias a la pluralización. Lo que hace de este debate algo especialmente estimulante es que todos estos grupos recurren a datos empíricos, sobre todo a estadísticas demográficas.

Mi intención ahora es ocuparme en primer lugar de interpretaciones que afirman la continuidad y estabilidad de la familia. En la confrontación con éstas, quiero señalar dónde minusvaloran sistemáticamente los elementos del cambio y desarrollar, con ese trasfondo, una

5. *Ibid.*, pág. 4.

perspectiva cuyo objetivo es concienciar de la dinámica de las transformaciones familiares que tienen lugar hoy en día. No me propongo contribuir a dar un mayor dramatismo a la discusión actual ni procurar que cese la alarma. En vez de esto, lo que quiero mostrar es que la familia sigue viviendo, pero cada vez resulta más frágil; por decirlo más incisivamente: el futuro de la familia vendrá de la mano de la «normalización de su carácter frágil».

1. Estabilidad de la familia: pros y contras

La discusión en torno a las cifras

Quienes hacen hincapié en la estabilidad de la familia no ven en los juicios sobre la revolución y transformación que tendría lugar en su seno más que meros diagnósticos de moda, acordes con la época. Por citar una objeción corriente, no se haría otra cosa que generalizar experiencias que sólo pertenecen al ámbito personal y faltaría en todo ello un conocimiento sólido de los datos empíricos; en una palabra se estaría sobrevalorando el aspecto de cambio, cuando el desarrollo fáctico es mucho menos espectacular. Así dice, por ejemplo, Norbert F. Schneider: «Esto vale, por ejemplo, para la afirmación del "número siempre creciente de divorcios", que se sigue sosteniendo aunque la frecuencia de las separaciones matrimoniales en Alemania Occidental entre 1984 y 1992 fue, más bien, en retroceso. Otro ejemplo es la aseveración, repetida una y otra vez, de que "hay un continuo incremento de niños de parejas separadas"; de hecho, el número ha aumentado, pero yo opino que un ascenso de los 86.000 del año 1970 a los 90.000 del año 1992 no resulta tan dramático».[6]

Hasta aquí Schneider. Dado que la confrontación gira no poco en torno a cifras, procuraré permanecer en ese mismo ámbito, completando un poco las cifras que da Schneider a fin de que se haga más patente el desarrollo de la cuestión, tanto actual como histórico. En primer lugar, respecto a los niños afectados por la separación de la pareja, en el año 1960 todavía eran 45.000; en 1992, 92.000;[7] y, finalmente, en 1998 el número subió hasta 129.000.[8] No se precisa de ningún talento especial en matemáticas para reconocer que aquí ha tenido lugar una subida considerable, y además en pocos decenios. Y por lo que respecta a los propios divorcios, para los que Schneider sólo considera el período que va hasta 1992, debemos completar lo que él dice señalando que su número en los años siguientes fue creciendo ampliamente y que ha alcanzado un nuevo techo histórico.[9] Para una mejor evaluación de la cuestión sirve de ayuda considerar el desarrollo de las cifras de divorcios durante períodos de tiempo más grandes.

La consideración de la anterior estadística muestra que la tesis del cambio tiene a su favor sólidos fundamentos empíricos. Recapitulando lo esencial: en estos datos empíricos se trasluce, de hecho, continuidad y estabilidad, si bien no se trata de una estabilidad de la familia,

6. Schneider, 1995, pág. 2.

7. Statistisches Bundesamt, 1995, pág. 109.

8. Hammes, 1996, pág. 774. Véase Statistisches Bundesamt, tabla 6.6, «Separaciones matrimoniales en Alemania», documento de trabajo no publicado, 1998. Las cifras se refieren a Alemania Occidental.

9. *Ibid.*

Separaciones matrimoniales en Alemania

Año	En conjunto	Cada 10.000 habitantes	Cada 10.000 matrimonios
1900	7.928	1,4	8,1
1910	15.016	2,3	—
1920	36.542	5,9	32,1
1930	40.722	6,3	29,5
1940	49.278	7,1	—
1950	134.600	19,7	—
1960	73.418	10,1	—
1970	103.927	13,4	—
1980	141.016	18,0	—
1990	154.786	19,5	80,5
2000	194.408	23,7	101,3
2001	197.498	24,0	103,4

Fuente: Statistisches Bundesamt.

sino más bien de una estabilidad en el cambio. Lo que en el proceso histórico cristaliza cada vez con más claridad es el alejamiento del modelo de matrimonio tradicional, válido para toda una vida («Hasta que la muerte os separe»), y la paulatina derivación hacia un nuevo modelo de matrimonio, que implica la posibilidad del divorcio (no, entiéndase bien, como una meta que conseguir, sino sólo como una opción que decidir sosegadamente; en cualquier caso, como una salida posible). Lo que Frank F. Furstenberg escribe para Estados Unidos también puede observarse como una tendencia en Alemania: ha tenido lugar una transformación interna del significado del matrimonio, que pasa a ser «de un vínculo que, obviamente, valía para toda la vida a una forma de vinculación que sólo se mantiene en determinadas condiciones».[10]

10. Furstenberg, 1987, pág. 30.

Esto es lo que tenemos que decir sobre las cifras de separaciones matrimoniales. Éstas pueden transmitirnos sólo en parte el cambio de las formas de vida y de relación, ya que únicamente se limitan a constatar la disolución de aquellas uniones que habían sido oficialmente registradas y legitimadas. Pero dado que el número de uniones extramatrimoniales (los «matrimonios sin certificado de matrimonio», las parejas que comparten, de hecho, su vida y los compañeros sexuales de un determinado estadio de la vida) ha aumentado enormemente en los últimos años,[11] para hacerse una imagen realista del estado de cosas actual no hay que perder de vista tampoco las separaciones que han tenido lugar en este ámbito de la pareja: además de los divorcios oficiales, las «separaciones sin sello oficial» constituyen hoy en día una parte importante de la realidad de las relaciones.

Baste referirnos a algunos resultados de recientes estudios empíricos. En el *Survey* familiar del Instituto Alemán de la Juventud se hizo una encuesta entre varones y mujeres de distintos grupos de edad sobre cuántas parejas (de al menos un año de duración, prescindiendo de si habían sido legitimadas o no oficialmente) habían tenido a lo largo de su vida. El resultado no fue, en absoluto, sorprendente: los pertenecientes a grupos

11. Desde 1972, cuando se hizo por primera vez una evaluación (todavía incompleta) de las parejas de hecho, su número casi se ha decuplicado en Alemania Federal: de 137.000 en el año 1972 a 1.300.000 en 1995. A esto hay que añadir 400.000 parejas extramatrimoniales en los nuevos territorios federales alemanes (Statistisches Bundesamt, 1995, pág. 24; *BiB-Mitteilungen* [Informaciones del Instituto Federal de Estudios Demográficos], cuaderno 1, 1997, pág. 9).

de menos edad habían tenido, claramente, más parejas. «Con relativa regularidad, el porcentaje de los que sólo habían tenido una relación disminuye cuanto más joven es el grupo correspondiente», y aumenta, por tanto, el porcentaje de quienes tuvieron más relaciones de pareja. Pero donde se daba una mayor experiencia en relaciones de pareja también se daba un número mayor de experiencias en el tema de las separaciones, lo que permitía concluir al estudio: «Dado que el comienzo de cada una de las relaciones ulteriores es precedido por el final de una anterior, o al menos ambas van, durante un tiempo, paralelas, estos resultados significan que la gente joven ha tenido en la actualidad muchas más experiencias de separación que en otros tiempos».[12]

En una dirección similar apuntan los datos de un estudio empírico de Vaskovics y Rupp, que investiga esas «carreras de parejas» o, más exactamente, «las sendas del desarrollo que siguen las parejas extramatrimoniales».[13] Aunque en las indagaciones sólo se incluyen las parejas cuya forma de vida apuntaba a una relación estable,[14] el resultado fue el siguiente: «En el transcurso de los cuatro años que duró la investigación se separó, aproximadamente, una cuarta parte de las

12. Tölke, 1991, págs. 121 y 123.

13. Vaskovics y Rupp, 1995.

14. Únicamente fueron objeto de estudio las parejas que vivían juntas, excluyendo, por consiguiente, las parejas que mantenían viviendas separadas (Vaskovics y Rupp, 1995, pág. 26). Se trata de una decisión previa que no es, en absoluto, obvia y que produce un efecto buscado, según una directriz de estabilidad relacional. En cambio, en el estudio del Instituto Alemán de la Juventud no se puso ese condicionamiento previo (Tölke, 1991, pág. 120).

parejas».[15] Ahora bien, cifras como éstas seguro que no dicen nada sobre el modo en que las personas afectadas viven la separación, como una liberación o una desgracia. Pero no cabe duda de que, al menos, queda claro un aspecto cuantitativo del tema, a saber: el número de las «separaciones de uniones sin certificado previo de matrimonio» es también considerable. Lo cierto es que, tanto dentro como fuera de los vínculos matrimoniales, crece el número de relaciones y de separaciones.

Ampliación conceptual y redefiniciones

El sociólogo Laszlo Vaskovics se cuenta entre aquellos que, en la discusión sobre las formas familiares, representan, decididamente, la «posición de la estabilidad». A continuación, me propongo exponer, a modo de ejemplo, su argumentación con el fin de dar una idea del contenido de esa clase de enunciados, prescindiendo de las discusiones en torno a las cifras.

Vaskovics no ve en los diagnósticos que acentúan los cambios experimentados en el ámbito de la familia más que un discurso huero sobre su crisis, que ya llevamos mucho tiempo conociendo: «En el transcurso de los dos últimos siglos se ha "constatado" y pronosticado una y otra vez la crisis y la disolución de la familia». A lo que él se opone resueltamente: la «familia como familia nuclear o como género ha mantenido su dominio hasta la actualidad. [...] En ese "completamente normal caos del amor" que se postula siguen delineándose patrones de parejas totalmente claros y dominantes, los

15. Vaskovics y Rupp, 1995, pág. 165.

cuales [...], en la mayor parte de los casos, llevan a una familia totalmente normal».[16]

Para la evaluación de este diagnóstico es importante comprobar cómo define Vaskovics la «familia totalmente normal». Incluye en ella prácticamente todo. Todo cabe, indistintamente, en el concepto de familia nuclear o de sus formas previas, «con casamiento oficial o sin él, tenga una limitada duración temporal o de por vida, de una sola vez o de forma sucesiva». En este marco relacional hasta quienes viven solos son definidos, de un modo global, como «orientados hacia la pareja», y esto porque, según Vaskovics, no excluyen por principio una pareja matrimonial o extramatrimonial, y en parte la ansían. En relación con las parejas extramatrimoniales, la mayor parte, según él, «apuntan, al menos, a una perspectiva de mantenimiento a medio plazo». Y si esas parejas se separan se puede asegurar que «más pronto o más tarde, volverán a formar con otro compañero o compañera una comunidad conyugal extramatrimonial». Respecto a la figura de familias monoparentales, asegura que la mayoría de ellas no han elegido esa forma de vida, sino que han ido a parar a ella y se encuentran inmersas en ella debido a circunstancias externas (separación, viudez) y que permanecen en ese estado sólo transitoriamente: «Esa forma de vida desemboca, frecuentemente, mediante un primer matrimonio o un matrimonio ulterior, en otra configuración familiar». Y en lo referente, por último, al retroceso del número de nacimientos, que empezó en los años sesenta y que, desde entonces, no ha cesado, tanto en Alemania como en otros países industrializados, se constata como decisivo: «Entre mujeres y hombres

16. Vaskovics, 1991, págs. 186 y 197.

jóvenes, la paternidad sigue siendo inalterablemente importante». Para él no es significativo que muchos se tomen con calma el cumplimiento de esos deseos y dejen la paternidad para más adelante: «¿Por qué se va a valorar de otra manera la paternidad tardía que la temprana, la duración más breve que la más larga de la fase familiar? A lo largo de la vida de una persona se funda, en un momento, una familia y, en otro, se disuelve». Si cada vez hay más hombres y mujeres que siguen sin hijos durante toda su vida la razón sería que la falta de hijos se ha de achacar a problemas biológicos, de modo que se trata de algo no deseado: «Tras la falta de hijos se esconde, con frecuencia, una imagen no realizable de "familia normal"».[17]

Vaskovics no deja de tener razón al hacer esa elección conceptual: la familia completamente normal sigue viviendo y prosperando. Claro que esto ocurre, sobre todo, gracias a una serie de redefiniciones, en cuyo transcurso se va dejando sistemáticamente de lado lo que, hasta hace poco, constituía el concepto nuclear del matrimonio y de la familia (casamiento oficial, obligatoriedad, duración, etc.). Si donde se ha abierto paso un cambio masivo se deja de lado todo eso, no queda ya ningún cambio. Sería como en una carrera entre liebres y erizos: la familia totalmente normal sigue siempre en pie. Refutar algo así es prácticamente imposible, dado que todo lo que parece o podría parecer distinto es incorporado al propio punto de vista.

El efecto es que las cuestiones centrales son sistemáticamente escamoteadas. Por ejemplo: de los estudios aducidos se deduce claramente que la mayor parte de hombres y mujeres siguen poniendo la paternidad

17. *Ibid.*, págs. 188-194, y Vaskovics, 1994, pág. 12.

como un fin de la vida. De ahí que cobre nuevo interés la pregunta: ¿por qué, entonces, no se ve realizada esa meta en la joven generación con más frecuencia que en tiempos pasados? ¿Dónde están las barreras, las resistencias? ¿O hay otros fines que, hoy en día, tienen más fuerza de atracción? Asimismo, apenas sorprende que la mayor parte de los que viven solos no rechacen por principio toda pareja. Un interés más palpitante tiene la siguiente pregunta: ¿por qué, *en la práctica*, viven solos?, ¿cuáles son, aquí, las resistencias o bien los fines que compiten con aquel de formar una pareja? No hay mucho que decir en contra de la afirmación de que cada familia es fundada alguna vez y disuelta alguna vez. Es algo tan cierto como trivial. Pero no es nada trivial preguntar cuándo se funda la familia y, sobre todo, también cómo se disuelve, por muerte o separación; cuánta gente funda aún una familia y cuánta lo deja por hacer, o cuántos fundan varias familias sucesivas.

A la vista de las descripciones que nos suministra Vaskovics se plantea finalmente la cuestión de si aquellas nuevas formas de vida que hoy en día se desarrollan son producidas únicamente por circunstancias externas: ¿son situaciones determinadas por la necesidad; no hay nada en todo ello que tenga que ver con la libre elección de las personas, no hay jamás proyectos de vida elaborados por la propia persona?; ¿y aquellas personas que pueden tener cabida en el cajón de la familia totalmente normal no quieren otra cosa que encontrar lo antes posible el camino hacia ella?; ¿el sueño de todos, incluso de los jóvenes, es un nido como el que tenían padres y abuelos?; ¿será cierto que quien tenga sueños un poco diferentes acabará volviendo a encontrar el medio de regresar hacia aquél?

Si no planteamos preguntas de este tipo y, en vez de eso, englobamos prácticamente todas las formas de vida privada bajo el techo de la «familia totalmente normal» (indistintamente, con cónyuge o sin cónyuge, con certificado oficial de casamiento o sin él, con duración o sin duración, con hijos o sin ellos), entonces quedan difuminadas las características, borrados los contornos. ¿Qué es un cambio? Sería algo no previsto desde nuestra óptica. Por ello nunca aparece en el campo visual.

2. La dinámica de la evolución de la familia

Alguno podría decir que la discusión en torno a cifras, niveles de comparación o conceptos es, de algún modo, ociosa, pues, al fin y al cabo, los hechos demográficos no son, de suyo, discutibles: ¿no se trataría, en definitiva, de la conocida cuestión sobre si el vaso está medio vacío o medio lleno?

Viéndolo así, la polémica resulta, de hecho, poco productiva. Pero también se puede hacer una lectura distinta de ello, y entonces podremos descubrir, en la misma, un núcleo más profundo. Pues, ya sea implícita o explícitamente, se trata de continuo también sobre la orientación a que apunta ese desarrollo, la dinámica subyacente. No es cosa solamente de una serie de datos ya conocidos, sino también de aquellos que nadie conoce aún acerca del futuro de la familia o bien del futuro de las formas de vida de la gente. La pregunta no versaría sólo sobre la situación actual del vaso, sino también, al menos en la misma medida, sobre la situación que cabe esperar, partiendo de las influencias reconocidas, en un futuro próximo; por decirlo brevemente, ¿el vaso se está llenando o se está vaciando?

Ésta es, justamente, la cuestión que quiero considerar a continuación, sirviéndome del ejemplo de un ámbito que concierne a la relación de pareja. Mi pregunta puede ser enunciada sencillamente así: ¿se ha de esperar un fortalecimiento y una estabilización de la relación de pareja o, más bien al contrario, probablemente un incremento de la discontinuidad, el cambio y la fragilidad de la misma?; ¿de qué modo parece evolucionar la situación?

Normalización de la separación

Si consideramos la evolución histórica de la cuestión desde el siglo XIX es fácil ver que, tanto en Alemania como en otros países occidentales, ha tenido lugar un cambio masivo de los fundamentos institucionales de la relación matrimonial. Si todavía en el siglo XIX había una serie de regulaciones normativas —por influencia, especialmente, de las iglesias y de supuestos jurídicos encaminados al mantenimiento, al menos de cara al exterior, del matrimonio, y que operaban como un armazón, e incluso, quizá, como una camisa de fuerza—, cualquiera puede observar que en el transcurso del siglo XX tales supuestos fueron desapareciendo poco a poco; formulándolo de otro modo: se fueron eliminando paulatinamente, hasta llegar a la situación actual, un conjunto de tabúes y barreras que en otros tiempos al menos dificultaban una separación y a menudo la hacían del todo inviable.[18]

18. Blasius, 1992; Coester-Waltjen, 1994.

Si la examinamos más atentamente, nos daremos cuenta de que hay mucho a favor de la hipótesis de que este proceso histórico fue impulsado, y no poco, por una serie de transformaciones y efectos basculantes. Simplificando, acaso podríamos esbozar una evolución parecida a la siguiente: a causa de un conjunto de condiciones históricas y sociales que vienen vinculadas a la modernidad (consecuencia, indudablemente, de la industrialización, urbanización, secularización, etc.), durante el siglo XIX va surgiendo poco a poco en el ámbito individual una necesidad de recurrir a la separación de la pareja, es decir, un número, al principio muy pequeño y cada vez mayor, de hombres y mujeres ya no está dispuesto a cargar, en cualesquiera circunstancias, con un matrimonio dado, sino que quiere la separación. Por consiguiente, surge una presión sobre las instituciones sociales (del Estado, de la política, del Derecho) para que cambien las regulaciones altamente restrictivas del Derecho matrimonial y familiar y desmonten las enormes barreras que se oponían a la separación de los cónyuges. Es cierto que esa orientación no puede abrirse paso, en absoluto, en línea recta; al contrario, al principio dio lugar a un conjunto de fuertes movimientos en contra. Pero cuando finalmente el Derecho matrimonial y familiar experimenta un cambio, da comienzo una nueva fase. Se codifica un cambio de las normas y las representaciones morales, con lo que el tabú de la separación matrimonial pierde la autoridad moral, determinante de las acciones, y empieza, de una forma implícita y paulatina, una especie de normalización de la separación. Esto lleva, en el estadio siguiente, a una creciente demanda de separaciones matrimoniales, con lo que de nuevo se incrementan las presiones sobre el sistema legal para que retire coacciones y supuestos institucionales y deje las regulaciones jurídicas más abiertas a los procedimientos de divorcio.

A este tipo de interacciones que acabamos de indicar es al que hace referencia, por ejemplo, Gertrud Nunner-Winkler.[19] Con la vista puesta en las cifras actuales de divorcios argumenta que el desarrollo de esas separaciones, una vez desencadenado, muestra un impulso a expandirse, casi como si cobrara desde dentro fuerza y rapidez: la ampliación de esos espacios de libertad sería, conforme a esto, un proceso que se autopropulsa. Lo cual significa, concretamente, que las opciones de separación y divorcio siguen operando, subterráneamente, incluso allí donde según las estadísticas se hace, de momento, un uso mínimo de ellas. El mero hecho de que sean visibles para todo el mundo (tarea de la que se encargan, con la mayor diligencia, los medios de comunicación actuales) no deja de afectar a las formas de vida y convivencia tradicionales. Quien hoy en día siga manteniendo el matrimonio como institución lo hace plenamente consciente de que hay otras salidas: uno podría comportarse, igualmente, de otro modo. La conservación del matrimonio es vista hoy —dado que hay otras alternativas— como la expresión de una decisión consciente de la persona, con lo que se entra en el marco de las cosas que exigen justificación.

Ese incremento de la demanda de justificación sigue impulsando hacia adelante la espiral de los cambios. Para el mantenimiento de tradiciones arraigadas en la gente basta la ausencia de abusos extremos; la justificación de un comportamiento basado en la libre

19. Nunner-Winkler, 1989.

elección precisa, en cambio, de fundamentaciones positivas. Formulado de otro modo: una situación en la institución matrimonial dada de antemano es aceptada mientras no se haga insoportable. En cambio, una situación elegida libremente debe mostrar que es la «mejor posible» en un horizonte de alternativas. Con ello, ya el mero imperativo de justificación hace subir el listón con que se valora la felicidad de una persona. Por tanto, se incrementa, una vez más, la disposición a la separación porque ahora son más los matrimonios que aparecen como deficientes: «Surgen nuevas normas, que hacen aceptable, y hasta, en determinadas condiciones, inevitable la separación».[20]

A efectos recíprocos y de consolidación se han referido también Diekmann y Engelhardt, que han elaborado los datos del *Survey* familiar del Instituto Alemán de la Juventud a fin de analizar estadísticamente las razones determinantes del riesgo de la separación. Partiendo de estos datos, afirman explícitamente la existencia de una «dinámica propia del desarrollo de la separación». Su pensamiento fundamental es «que el cambio sociodemográfico [...] ha desencadenado un proceso de la dinámica de separación que se sustenta en sí mismo», una especie de «espiral de separaciones»,[21] en virtud de lo cual surge —una vez que se ha superado un determinado umbral de valoración— una serie de efectos de bola de nieve, mediante los cuales una persona cada vez corre más peligro de separarse. Un papel clave en todo ello lo desempeña, por ejemplo, la cuestión de la estigmatización que sobreviene con la

20. Fustenberg, 1987, pág. 31.
21. Diekmann y Engelhardt, 1995a, pág. 215.

separación. En sociedades donde las separaciones matrimoniales representan una excepción, la gente divorciada tendrá que contar con una considerable discriminación, con la pérdida de su posición y buen nombre, y será vista, socialmente, como desclasada. Pero cuanto más grande es el número de separaciones tanto más disminuye su estigmatización (no enseguida, sino progresivamente, en el transcurso de decenios). La separación matrimonial, un hecho dramático, se convierte en una posible parte integrante de la forma de existencia burguesa. Este cambio en el clima social facilita la separación incluso a quienes, en otras condiciones, jamás se hubieran atrevido a dar un paso así, y de este modo es como surge ese efecto de bola de nieve: cuanto menores sean los perjuicios que cabe esperar de una separación tanto más se incrementará la cifra de éstas. Algo similar vale para la posibilidad de encontrar, tras la separación, un nuevo compañero o compañera; también en esto se puede decir que un número ascendente de separaciones facilita la búsqueda de un compañero o una compañera tras la separación. Pues cuantos más hombres y mujeres se separen, tanto mayor será el número de personas que se libera de vínculos matrimoniales y puede iniciar nuevas relaciones. Asimismo, cuando la separación ha dejado ya de llevar, más o menos forzosamente, a una vida en solitario y trae consigo la posibilidad de iniciar nuevos vínculos, disminuyen los costes vinculados a ella, cosa que a su vez hace que aumente el número de personas dispuestas a librarse de un matrimonio insatisfactorio.[22]

22. *Ibid.*, pág. 216.

Estrategias de autoprotección

Si el número de separaciones aumenta, si el divorcio ya no es un acontecimiento extraño, sino directamente experimentable en el propio ámbito personal (afectando al amigo, a la hermana, incluso quizás a los propios padres de uno); si en los medios se habla frecuentemente de las separaciones, es más, si los dramas familiares de gente prominente (desde el príncipe de Gales a Liz Taylor) se convierten en un éxito seguro de taquilla para las revistas de los quioscos; si todo esto sucede queda claro, hasta en las ciudades o aldeas más pequeñas, que no es un axioma que los matrimonios se sostengan toda la vida, sino que, más bien, siempre hay un riesgo de separación. Pero un proceso así de concienciación probablemente no deja de tener consecuencias, sino que produce unos peculiares efectos de aprendizaje: la gente comienza (poco a poco y, en cierto modo, soterradamente) a adaptar su comportamiento a ese riesgo continuo de divorcio. Quiere tomar sus previsiones. Intenta —dado que la separación matrimonial no es algo que nadie busque y desee premeditadamente— defenderse de ella.

En este sentido argumenta, por ejemplo, Jürgen Schumacher. Su tesis es que puede observarse, en el ámbito de las relaciones de pareja, una serie de estrategias cuya finalidad es, «frente a los problemas con los que se ven confrontadas las parejas hoy en día más que nunca, reducir al mínimo los riesgos que vienen asociados al vínculo»,[23] lo cual no significa para él que las personas estén cada vez menos dispuestas a iniciar una relación

23. Schumacher, 1981, pág. 503.

de pareja. Más bien se refiere a que los miembros de la pareja evitan en lo posible construir aquellas barreras que «aumenten de una forma desproporcionada» los «costes de una corrección», esto es, de una separación.[24] Ésta es la razón de que se prefiera elegir formas de relación y convivencia que, en un caso dado, permitan una separación o, para ser más estrictos: en el cálculo entra también la posibilidad de la separación. Y ya que son, sobre todo, dos los acontecimientos que constituyen una barrera considerable para la separación —por un lado, el acto formal del contrato matrimonial y, por otro, el nacimiento de los hijos—,[25] resultaría natural que, en la actualidad, sean cada vez menos las parejas que pasan por el registro civil y que difieran el deseo de tener hijos para más adelante, e incluso renuncien a tenerlos. Los datos de las estadísticas demográficas que atestiguan el retroceso de la inclinación al matrimonio y el descenso del número de hijos pueden ser interpretados, en este sentido, como una estrategia de reducción de riesgos. Dada la fragilidad de las relaciones actuales, el hecho de evitar algunas cosas y el de tomar determinadas previsiones significa eludir las barreras que podrían «reducir drásticamente el margen de maniobra para futuras decisiones correctoras».[26] La nueva divisa consistiría en vivir en pareja pero dejando (de una forma soterrada, más que proclamándolo) expedita la salida.

Dieckmann y Engelhardt también examinan este tipo de estrategias de autoprotección. Claro que dan un

24. *Ibid.*, pág. 509.
25. *Ibid.*
26. *Ibid.*

paso más allá y se preguntan por las consecuencias probables de tal comportamiento, y constatan, una vez más, un efecto de bola de nieve, viendo aquí, por tanto, una condición adicional que hace que se incrementen las cifras de separaciones. «Si los cónyuges tienen dudas sobre la durabilidad de su unión, este escepticismo se traducirá luego en la disminución de las "*inversiones* específicamente matrimoniales". Pero con ello aumenta, a su vez, el riesgo de la separación.»[27] En una traducción libre, vendría a decir que cuanto más grande sea la duda, más alta será, finalmente, la inestabilidad. Cuanto menos cosas comunes se construyan —por ejemplo, en el tema de los hijos, la vivienda familiar o la casa propia—,[28] tanto menos durará la unión. Uno tendría menos que perder, por lo que es más fácil separarse.

También Diekmann y Engelhardt ven efectos recíprocos parecidos entre la actividad laboral remunerada de la mujer y el riesgo de separación. «El hecho de "anticipar" los riesgos de la separación fomenta, asimismo, como es empíricamente demostrable, la inclinación de mujeres casadas a emprender alguna actividad lucrativa, circunstancia que a su vez hará crecer probablemente el riesgo de la separación.»[29] O, dicho de otro modo, la evolución de la tasa de separaciones se traduce en un efecto de aprendizaje para la planificación de la vida de las mujeres más jóvenes. Cuanto más frágilmente se viva el rol de la familia tanto menor será la

27. Diekmann y Engelhardt, 1995a, pág. 216.

28. Andreas Diekmann y Henriette Engelhardt consideran como inversiones específicamente matrimoniales, entre otras, los hijos y la vivienda en propiedad.

29. Diekmann y Engelhardt, 1995a, pág. 216.

disposición a comprometerse totalmente en el matrimonio y tanto más fuerte será la orientación hacia otras perspectivas, no siendo la actividad profesional la menor de ellas, cosa que, en caso de haber conflictos, significa que la mujer ya no está atada incondicionalmente al matrimonio y que también ella puede tomar una decisión personal para finalizarlo.

En su análisis estadístico, Diekmann y Engelhardt siguen constatando que la vida en común antes del matrimonio contribuye considerablemente a la probabilidad de que se dé una separación: «Resulta curioso que cónyuges que antes de casarse habían vivido juntos ("matrimonio a prueba") muestren un riesgo de separación un 40-60% mayor».[30] Los propios autores no sospechaban este hallazgo, pues al fin y al cabo en una convivencia prematrimonial se debería poner de manifiesto si la pareja convive en armonía o no. Pero si nos preguntamos, en ambas formas de comportamiento, por las causas subyacentes, podríamos explicarnos con toda claridad por qué el riesgo de separarse aumenta con ese matrimonio a prueba.[31] Pues en ambos casos, tanto en el matrimonio a prueba como en el divorcio, se puede reconocer un patrón de conducta similar: tanto en uno como en otro subyace una ética individualista, lo cual significa, esencialmente, que quien antes de casarse no ve el matrimonio como un sacramento —como una unión sagrada o, en todo caso, como una unión totalmente especial y única— es más proclive a una

30. Diekmann y Engelhardt, 1995b, pág. 4.

31. Véase, en este punto, la argumentación desarrollada por Cherlin (1992, pág. 16) y Hall (1996) a fin de explicar resultados empíricos similares en Estados Unidos y en Canadá.

convivencia sin pasar por el juzgado y que si, con todo, luego contrae matrimonio, esto no significa que de repente vea en él un sacramento, por lo que, en un caso dado, está más dispuesto a la separación. Quien sea de la opinión que el matrimonio debe fundarse en sentimientos y en una armonía interpersonal tendrá por sensato probar hasta dónde llegan los sentimientos en la prueba de lo cotidiano antes de vincularse oficialmente; y esta persona luego llegará más fácilmente al convencimiento de que el matrimonio se ha convertido en algo vacío y, por tanto, sin sentido, cuando al cambiar las circunstancias (rutina de la convivencia, falta de dinero, hijos que crispan los nervios) cambian los sentimientos de antaño y se esfuma la pasión.

Las estrategias reductoras de riesgos tendrían unos efectos que fomentan la separación de la pareja: he aquí el resultado de las reflexiones que anteceden. ¡Qué efecto tan paradójico! ¿Están atados, pues, tanto los hombres como las mujeres a sus propias estrategias y son víctimas de sus propias trampas? ¿Será precisamente el comportamiento que ha de poner coto al riesgo lo que llevará, finalmente, a una multiplicación del mismo?

Sí y no. Es verdad que las mencionadas estrategias de comportamiento hacen subir la probabilidad de una separación o divorcio, pero también lo es que mantienen a un nivel más bajo los costes que son consecuencia de la separación y el divorcio. Quien no haya contraído formalmente matrimonio no tendrá que pasar, llegado el caso, por el trance del divorcio, con todos los procedimientos e imposiciones de índole judicial (por ejemplo, el año de separación de hecho) o las cargas financieras (costes del juicio, honorarios de abogados, etc.) que implica. Quien no haya traído ningún hijo al mundo no se verá obligado, en un caso dado, a entrar en las estipulaciones de la patria potestad, sufrir la separación de su hijo o tener que salir adelante con una familia monoparental. Quien tenga un trabajo lucrativo ya durante su matrimonio no se verá obligado a buscar, en caso de divorcio, un puesto de trabajo o demandar de su ex cónyuge una pensión de manutención.

Tal como muestran estos ejemplos, las estrategias reductoras de riesgos, desencadenadas por la experiencia de la frecuencia cada vez mayor de los divorcios, tienen, palmariamente, un efecto doble. Por un lado, contribuyen a esa mayor frecuencia de divorcios y ponen en peligro, por tanto, la relación de pareja y su duración. Pero si consideramos aparte a cada uno de los dos individuos copartícipes, se verá enseguida que los propios individuos están mejor preparados para enfrentarse, si llega el caso, al divorcio. Están mejor equipados para vivir solos. En este sentido, podemos decir de las estrategias reductoras de riesgos que los producen y los disminuyen. Si las consideramos más estrictamente, comprobaremos que son estrategias de autoprotección, cuyo núcleo es una lógica de índole individualista. No es la estabilidad de la pareja lo que con ellas se fomenta, pero sí, probablemente, la de la persona individual, al margen de los azares y accidentes de una relación de pareja.

El efecto generacional

Tal como revelan los estudios empíricos, en el caso del riesgo de divorcio se puede constatar una especie de «herencia social». Hombres y mujeres que han vivido un divorcio en su familia de origen demandan, claramente, el divorcio con mayor frecuencia que aquellos cuyos padres mantuvieron su matrimonio de por vida. Se puede explicar esta especie de herencia peculiar recurriendo a distintos planteamientos, que no tienen por qué excluirse unos a otros.[32] A continuación tomaremos contacto, sobre todo, con la hipótesis de la socialización, que empieza con las experiencias de la infancia y la juventud y hace hincapié en un modelo específico de aprendizaje por lo que respecta a las actitudes ante el matrimonio, la familia o la pareja.

Las experiencias que corresponde mencionar aquí son experiencias extraídas de la terapia familiar, según la cual en el caso de hijos de familias con los padres separados «se ve perturbada, de forma duradera, la confianza en los vínculos y en la posibilidad de dar una solución constructiva a los conflictos interhumanos», cosa que tendría secuelas destructivas en el ámbito de las uniones de pareja. Existiría, a menudo, por ejemplo, un soterrado miedo a la separación: «Este miedo es afrontado con un aferramiento reforzado al otro miembro de la pareja, el cual no raras veces se ve impulsado luego a iniciar la retirada, lo que (paradójicamente) confirma aquellos temores». De ese modo, surgiría todo un círculo de negatividad y una «tradición de síntomas» en el seno de las familias de padres separados.[33] Acogiéndonos a los puntos de vista que defiende la investigación psicológica de los vínculos familiares, acaso

32. Véase una recapitulación, por ejemplo, en Diekmann y Engelhardt, 1995a, y Fthenakis, 1995.

33. Reich, 1991, pág. 83.

podríamos interpretar esta conexión también como sigue:[34] dado que los hijos procedentes de familias con padres divorciados han desarrollado menos seguridad en los vínculos que los hijos de familias que se han conservado enteras, aquéllos tienen una mayor tendencia a un trato lábil y que oscila más entre los extremos —lo que causa una serie de decepciones— en ese ámbito de los vínculos afectivos.

Aquí también resultan interesantes los resultados de un amplio estudio empírico que se propone investigar los proyectos vitales de mujeres jóvenes. Un fin especial del estudio fue la consideración de las hijas de madres que desempeñan solas la patria potestad. Resultó patente que éstas se diferencian claramente de las muchachas que provienen de familias que han permanecido enteras: dan más valor a la independencia, pero guardan, en cambio, más reservas respecto al matrimonio y a la maternidad. «Se pueden imaginar a sí mismas realizando otros proyectos vitales que no pasen por el matrimonio, y su marcada aspiración a la autonomía profesional y a la independencia económica concuerda muy bien con todo ello. [...] Quieren apoyarse en su propio esfuerzo y trabajo. [...] A la vista de la vida de su propia madre, un alto porcentaje de estas muchachas es plenamente consciente de que no quiere casarse. [...] El deseo de tener hijos está claramente por debajo del de las otras muchachas.»[35] Es palmario que aquí ha tenido lugar un efecto de aprendizaje, que apunta a acentuar la propia vida del individuo y concede a los vínculos de pareja un papel secundario. Es evidente que

34. Véase, por ejemplo, Stierlin, 1995.
35. Seidenspinner y Burger, 1982, informe de la pág. 60 y sigs.

aquí tienen prioridad las estrategias de autoprotección, cosa que, como vimos anteriormente, aumenta el riesgo de pasar por una separación matrimonial.

Ante el creciente número de divorcios, como también de niños afectados por ellos, se ha discutido reiteradamente en estudios recientes sobre las posibles secuelas a largo plazo de vivencias de divorcio anteriores. Se pregunta una y otra vez cuáles son las huellas psíquicas y emocionales que dejan estas experiencias. Hasta la fecha, no ha asomado ninguna respuesta unitaria; lo que ha ocurrido más bien es que distintos autores han llegado a resultados totalmente diferentes. Según algunos estudios, los hijos son sensibles y vulnerables, y llevan consigo, frecuentemente a lo largo de toda su vida, una serie de perturbaciones si vivieron anteriormente la ruptura de los vínculos de pareja.[36] Según otras interpretaciones, los hijos presentan, al contrario, más bien el aspecto de individuos flexibles, robustos, totalmente adaptables a nuevas situaciones; según esto, por mucho que la fase posdivorcio sea una época de dramáticas crisis, lo corriente es que los hijos se recuperen y se acomoden a las nuevas condiciones.[37] Por mi parte, deseo proponer aquí una tercera interpretación, que, conforme a las reflexiones hechas hasta ahora, ponga en el centro del debate la cuestión de la herencia social del riesgo de la separación. Según esto, la vivencia de acontecimientos de separación implica un proceso de socialización de un tipo especial, cuyo núcleo lo podemos resumir así: se trata de un mensaje individualista. Si los hijos

36. Así piensan, por ejemplo, Wallerstein y Blakeslee, 1989, o Napp-Peters, 1995.

37. Véase, por ejemplo, Furstenberg y Cherlin, 1991.

logran arreglarse con formas familiares cambiantes, eso significa que aprenden a deshacerse de vínculos de ese género, a sobreponerse a las pérdidas. Experimentan tempranamente lo que significa el ser abandonado y despedirse de algo. Aprenden que el amor no dura eternamente, que las relaciones acaban, que la separación representa un acontecimiento normal en la vida. Se ejercitan en el hecho de seguir viviendo con el cambio, en «no tomarlo como algo trágico», en contar su historia familiar, por ejemplo, de esta manera: «Mi primer padre, mi padre verdadero, dejó a mi madre. Y luego mi madre se separó de mi padrastro. Y ahora la relación entre mi madre y el hombre que, de momento, convive con nosotros tiene sus altibajos. Uno se va acostumbrando a algo así».[38] En la sucesión generacional los hijos se convierten en expertos del cambio.

Un género así de efectos de socialización puede ser interpretado siguiendo distintas directrices. Si seguimos la interpretación positiva, los hijos de familias con padres separados, especialmente las hijas, aprenden que es posible llevar una vida plena y satisfactoria también sin pareja, que no son necesariamente dependientes de tener éxito en una relación de pareja. Aprenden a prepararse para una vida independiente en vez de ver su identidad sólo en un marco familiar. Según la interpretación negativa, los hijos de padres separados carecen de una actitud de seguridad en sus vínculos sentimentales, de aptitud para la sociabilidad y la asunción de conflictos. En vez de encontrar para ellos mismos patrones nuevos,

38. De una conversación entre niños que han vivido la separación de sus padres, citada por Stierlin y Duss-von Werdt, 1995, pág. 125.

repiten, en el fondo, los errores de sus padres. Estas dos interpretaciones no tienen por qué excluirse mutuamente: acaso las hijas de madres separadas hereden una mayor independencia, pero también una menor capacidad de asumir conflictos. Sin embargo, prefiramos una u otra interpretación, o bien una combinación de ambas, todas ellas apuntan al fin y al cabo en parecida dirección. El resultado continúa siendo éste: la separación de los padres va generando un efecto de aprendizaje de índole individualista, cosa que, en la sucesión generacional, llevará luego a otras separaciones.

Si, para terminar, echamos una ojeada a los otros planteamientos explicativos que se ocupan del riesgo de la separación y su carácter de herencia social, podemos constatar que también ellos, en el fondo, llegan a un resultado similar. Por muy diferentes que sean sus puntos de vista y argumentos, coinciden sorprendentemente en lo que se refiere a la dirección del desarrollo futuro. Pues, de forma generalizada, «los resultados de la investigación del tema dan a entender la existencia de una dinámica que seguirá debilitando las estructuras familiares establecidas».[39]

3. Relaciones complicadas: la familia de padres divorciados

Un vuelco y un nuevo comienzo

Allí donde tiene lugar un divorcio las situaciones vitales —de los hombres y de las mujeres, de los padres y

39. Fthenakis, 1995, pág. 143.

de los hijos— toman un rumbo distinto. En primer lugar, en un sentido geográfico: alguno deja la casa (casi siempre el hombre) y se muda a otra, puede ser que incluso se vaya a otra ciudad (para comenzar de nuevo). Atrás quedan las mujeres y los hijos, pero, a consecuencia de la nueva situación, no es raro que también ellos se muden a una vivienda más barata, cerca de los abuelos, etc.; eso significa, pues, un cambio de ambiente, de escuela, de vecinos. Son realmente nuevas las condiciones de índole económica y por lo regular se constata una caída de ingresos, en diferente cuantía, según las regulaciones jurídicas de los distintos países: en Estados Unidos baja drásticamente el nivel de vida de las mujeres y los hijos, mientras que el de los hombres no es raro que mejore (dado que con frecuencia no pasan ninguna pensión de manutención).[40] En países como Alemania tiene lugar, más bien, una distribución de las carencias entre todos, donde la mayoría de las veces también los hombres tienen que asumir una serie de cargas económicas, pero incluso en este país son también las mujeres y los hijos los que quedan claramente desfavorecidos.[41]

Aparte de esto, tras el divorcio se impone una nueva organización de la vida cotidiana, que tiene que ser negociada —y por la que no raras veces se tiene que luchar— entre quienes antes formaban una pareja. ¿Quién se queda con la vivienda, quién recibe qué partes del ajuar familiar, cómo se distribuyen los objetos que son un recuerdo? ¿A cuánto asciende la pensión de manutención que ha de ser pagada, y para quién? Y, sobre todo, ¿quién se queda con los hijos, quién cuidará de ellos? El

40. Cherlin, 1992, pág. 73 y sigs.
41. Lucke, 1990.

hombre *versus* la mujer: se hacen valer pretensiones y exigencias, se distribuyen los derechos y los deberes. Se buscan nuevos acuerdos, y no siempre sin lucha. En vez de la vida cotidiana y la vivienda en común de antes, ahora el tiempo de cada uno de ellos queda separado, concretándose las regulaciones de visitas a los hijos por parte del padre. ¿Cuándo le está permitido venir, cuánto tiempo puede quedarse? ¿Qué derecho de ver al hijo le corresponde el fin de semana, en días festivos y vacaciones? Y, en un caso extremo, ocurre que el hombre o la mujer se lleva consigo al hijo por la fuerza: también va en aumento la cifra de los secuestros de hijos.

Los terapeutas, los abogados y los jueces de familia viven cada día cómo en la fase posdivorcio se produce un incremento de injurias y de amargura, de furia y odio entre los ex cónyuges. Pero incluso cuando el proceso de separación transcurre de una forma racional y amistosa es inevitable que, con el acto del divorcio, se establezca un tipo nuevo de relación entre el hombre, la mujer y los hijos. Ahora, y de un modo mucho más claro que antes, las personas se ven confrontadas entre sí, queriendo cada una de ellas defender sus propios intereses y su propia forma de vida, sus deseos y derechos. Los ex cónyuges no sólo tienen diferentes representaciones sobre su futuro, sino también imágenes diferentes del tiempo en que convivieron y, a menudo, una adjudicación diferente de las respectivas culpas y de los patrones de comportamiento de cada uno de ellos (él, por ejemplo, habría flirteado siempre con otras mujeres; ella habría derrochado el dinero).

Y, en medio, están los hijos. Éstos tienen, en la nueva situación, sus propios deseos: las investigaciones al respecto muestran que la mayoría de ellos espera que los padres se reconcilien. Pero es en vano, pues los padres siguen su propio camino, incluso contra los deseos de los hijos. Éstos han de aprender a vivir repartiendo su lealtad entre los dos padres. Cuando hay una demanda judicial para determinar con quién se quedarán, el juez preguntará también a los hijos si prefieren vivir con la madre o con el padre; por mucha que sea la cautela con que se proceda en esta cuestión, lo cierto es que se pide de un hijo una declaración que va contra uno de sus padres (y en casos de menos prudencia el hijo puede sufrir los intentos de influencia directa y las maniobras por parte de aquéllos). Cuando se han logrado hacer algunas regulaciones sobre las visitas, pero los ex cónyuges no pueden dejar de transgredirlas, los hijos son incluidos en las luchas del posdivorcio, tratando de sonsacarles cosas sobre el estilo de vida actual del otro padre, así como sobre su nuevo compañero o compañera sentimental, comprados mediante mimos, usados como portadores de información entre los dos frentes enemigos. A esto hay que añadir otros acontecimientos vinculados también a la separación: en algunas familias los hijos son distribuidos entre sus dos padres, lo que separa a unos hermanos de otros. Lo más corriente es que, tras el divorcio, se vaya rompiendo con rapidez la relación con el padre y éste desaparezca de la vista de los hijos. También se va haciendo más débil la relación con los abuelos paternos: le cuesta tomar forma y en parte puede ser obstaculizada, incluso conscientemente, por la madre a fin de aniquilar todas las relaciones que tengan que ver con el padre.[42]

42. Acerca de este aspecto véase, por ejemplo, Jopt, 1997, y Cherlin y Furstenberg, 1986, cap. 6: «Grandparents and divorce», pág. 136 y sigs.

A modo de recapitulación podemos afirmar que, tras el divorcio, una cosa es segura: todo se hace inseguro, todo se ha puesto en movimiento. Nada sigue siendo como antes.

Matrimonios sucesivos y parentescos de elección

Ahora bien, muchos de los divorciados se casan de nuevo o bien comparten su vida sentimental con otra persona sin el certificado del registro, dándose la circunstancia de que el nuevo compañero o compañera sentimental había estado también casado, y acaso hasta traiga consigo a sus propios hijos. En consecuencia, cada vez son más los hijos que tienen un nuevo padre o una nueva madre no biológicos. Tales familias con un padrastro o madrastra son, como lo formula un estudio competente en esta cuestión, un «ejemplo interesante de ligazón y mezcla de dos organizaciones distintas. Anudan en un hogar común dos culturas familiares distintas».[43] Esto significa que deben ser objeto de trueque y que se deben poner de acuerdo valores, reglas, rutinas diferentes, así como expectativas y enfoques de la vida cotidiana igualmente diferenciados —desde las maneras de comportarse en la mesa hasta la administración del dinero para los gastos de cada día o la selección de los programas televisivos y la hora de acostarse—. Además, muchos de los hijos llevan una existencia pendular entre sus distintas familias en plan de visita, entre la «parte parental de todos los días» bajo cuyo cuidado están, con su nuevo compañero o compañera sentimental, y la «parte

43. Furstenberg y Cherlin, 1991, pág. 83.

parental de fin de semana», con la nueva familia que, a su vez, pueda tener. En estas condiciones, surge un conjunto de vinculaciones transversales y una compleja red de relaciones; en una palabra: relaciones complicadas, cuya textura sólo puede ser reproducida con diagramas ramificados. «Cadenas de matrimonios y divorcios», «matrimonios sucesivos», «familias con más de dos padres», «familias *patchwork*» son, todas ellas, denominaciones inventadas para poder hacerse una idea de las nuevas formas de familia. Una característica común y fundamental en todo ello es que ha dejado de estar claro quién pertenece o no a la familia. Ya no hay una definición unitaria, habiéndose quedado perdida en algún sitio en ese ritmo de separaciones y nuevas vinculaciones. En su lugar, ahora cada uno de los partícipes tiene su propia definición sobre quién forma parte o no de su familia: cada uno vive su propia versión de la «familia *patchwork*».

Para presentarlo de una forma plástica recurramos al ejemplo siguiente:[44] un matrimonio tiene dos hijos; más tarde se divorcia; a continuación los hijos viven con la madre. Si preguntamos a cada una de estas cuatro personas quién forma parte de su familia, ¿qué nos contestarán? La madre divorciada seguro que nombra a sus hijos, pero es difícil que incluya a su ex marido, que ahora vive en algún otro sitio. Otra será la respuesta de los hijos: si aún siguen viendo con regularidad a su padre probablemente incluirán en la familia tanto a la madre como al padre. Y si le preguntamos al ex marido, probablemente nombrará a sus hijos, a los que él continúa viendo, pero no a la ex mujer. Así es como, tras el divorcio, todos los

44. Cherlin, 1992, pág. 81.

involucrados —madre, padre e hijos— tendrán una representación distinta de quién pertenece a la familia. Así, ya no se puede en absoluto seguir definiendo qué es «la familia» o la «familia directa»; en todo caso, ya no es algo que pueda ser definido en general, sino únicamente en relación con cada individuo. En suma, lo que antaño era *la* imagen de la familia se descompone ahora en distintas imágenes, en secciones particulares y cambiantes.

Una mujer que procede de una segunda familia y que ahora, a su vez, vive en una segunda familia ha traducido esto en las viñetas de las dos páginas siguientes.[45]

En esta constelación, ya no son las reglas de pertenencia a una familia (origen y matrimonio) las que constituyen el parentesco. Lo esencial que hay que saber es, más bien, si las relaciones sociales que han surgido en virtud de aquéllas tienen continuación también en la situación posterior al divorcio. Donde esas relaciones sociales se ven interrumpidas o se van diluyendo poco a poco al final se acaba también con aquel parentesco de antes. Aquí aparece con toda claridad lo que apuntaba en otras constelaciones familiares de la modernidad: el mantenimiento de la relación anterior ha dejado de ser una axioma y se convierte, más bien, en una decisión voluntaria. En la situación posterior al divorcio las relaciones familiares se van reclasificando, siguiendo las leyes de la elección, de las inclinaciones personales: toman el carácter de «parentescos electivos». Y dado que éstos ya no están determinados por el destino, precisan tanto más de la aportación propia, de cuidados activos por parte de uno mismo. Como

45. Reberg, 1997, pág. 118 y sigs.

Mi familia

Yo

Yo, mi marido,
su hijo y nuestro hijo

Yo, mi hermano, mi madre,
su marido y nuestra hermanastra

Yo, mi hermano, mi padre,
su mujer, nuestros tres hermanastros

constata un estudio sobre «familias *patchwork*»: «Partiendo del gran universo de parentescos potenciales las personas se construyen activamente su propio parentesco, al establecer una serie de relaciones, al trabajar por adquirir ese parentesco. Y tienen un vasto campo de posibilidades para elegir los vínculos que quieran asumir de forma activa».[46]

Algunos de los parientes del primer matrimonio que se han casado siguen perteneciendo a «la familia», a los que se debe añadir otros procedentes del segundo matrimonio y que han contraído, a su vez, matrimonio, mientras que otros, en fin, permanecen fuera o quedan excluidos.

Ya no está determinado de antemano qué es lo que ocurrirá al final. Pues allí donde se puede elegir y donde el patrón de medida se convierte cada vez más en cuestión de preferencia personal, cada persona traza sus propios límites. Incluso los hijos que se han criado en el mismo hogar no tienen necesariamente hoy en día una misma definición de quién forma parte de su grupo de parentesco.[47] Teniendo en cuenta el conjunto de todo ello, esto significa que el matrimonio posterior de una persona «incrementa la movilidad de nuestro sistema de parentescos, que, ya ahora, hace mayor hincapié en la libertad de decisión individual que en las obligaciones recíprocas».[48] El resultado pone a todos los partícipes ante nuevas cuestiones y desencadena nuevos procesos de decisión.

46. Furstenberg y Cherlin, 1991, pág. 93.
47. *Ibid.*
48. Furstenberg, 1987, pág. 37.

Gestión de los sentimientos y de los vínculos

Incluso cuando la llamada familia normal no sea el lugar donde converge una inclinación universal y duradera, por lo regular en ella se ve claramente la existencia de una pertenencia y corresponsabilidad mutuas, y cómo deben ser —si es que ya no son así— los sentimientos en su seno.

Las cosas presentan otro cariz en las familias sucesivas que una persona pueda formar. Aquí, las relaciones son mucho más complicadas, y la razón de ello es que, si bien el divorcio disuelve el vínculo de los adultos que habían estado casados, no ocurre así con los lazos existentes entre padres e hijos. Si luego llegan nuevos cónyuges y nuevos hijos — el amigo de mi madre y la mujer de mi padre, mis hijos, tus hijos, nuestros hijos—, nace toda una red de responsabilidades, sentimientos y lealtades que compiten entre sí. Cuando los recursos son escasos —y casi siempre lo son—, habrá que decidir entre los anteriores lazos familiares y los nuevos. Regalos, vacaciones, dedicación, tiempo: ¿las demandas de quién deben tener un valor prioritario, cuáles son consideradas de menos importancia? Dado que en un caso así faltan precedentes, esto es algo que uno mismo ha de estipular, buscar y experimentar. Ahora se precisan nuevas reglas de solidaridad y lealtad. En un estudio sobre esta materia se dice lo siguiente: «Será sumamente interesante observar las transformaciones que han tenido lugar en la fuerza relativa de los vínculos procedentes del parentesco de sangre y del matrimonio (o un nuevo matrimonio) en las familias cuyo número de miembros se ha ido incrementando por matrimonios sucesivos. ¿Cómo repartirán la herencia los abuelos? ¿Entre los nietos biológicos a los que apenas conocen, entre los nietos que tuvieron luego, los hijastros de sus hijos, o bien entre los últimos hijastros de sus hijos, que se han preocupado por cuidarlos de mayores? ¿Tienen los padres biológicos la obligación de enviar a un College a sus hijos biológicos, que fueron criados por su padrastro, antes que a sus hijastros, a los que ellos mismos han criado?».[49]

Lo que sobre el papel puede leerse de una forma tan serena podría, en la realidad, producir multitud de turbulencias, sobre todo porque no sólo se trata de bienes que repartir, sino también de lo que ellos siempre simbolizan, con razón o sin ella, para aquellos a los que conciernen: afecto o desafecto (¿por qué papá, aunque viva en otro sitio, no me ha escrito para felicitarme por mi cumpleaños?).[50] Ya que la situación planteada por el divorcio ha enseñado a los hijos que es posible un vuelco repentino de los sentimientos, ellos mismos se han hecho más inseguros en este punto, tienen dudas y un conjunto de emociones peculiares (vulnerabilidad, decepción, celos, enojo). De todo esto los adultos, con frecuencia, prefieren no enterarse, pues les recuerda su propia culpabilidad, sus propias heridas. Los hijos, a su vez, tienen que estar atentos a cómo distribuyen y dosifican sus sentimientos, exteriorizándolos u ocultándolos, según el entorno. Han de aprender que mucho de lo que a ellos les mueve —y acaso justo aquello que más los mueve— no pueden comunicarlo. Dado que circulan entre partidos diversos —y, a veces, entre frentes enemistados el uno con el otro—, han de aprender a ser

49. *Ibid.*

50. Sobre lo que sigue véase Reberg, 1997, y Napp-Peters, 1995.

prudentes, a obrar con habilidad, a encontrar, entre una serie de señales contradictorias, el propio camino: «No debes fiarte de papá», le dice la mamá; «Esto no puedo contárselo a mamá, si no, llorará»; «Me gustaría llamar también papá a Paul, el nuevo amigo de mamá, pero ¿qué pasará si mi verdadero padre lo oye?».

Las reglas para la actuación correcta no pueden consultarse en ningún sitio. Y mientras que en otras cuestiones los hijos pueden encontrar consejo en los padres —seguro que no siempre, pero al menos muchas veces—, en preguntas así los padres son consejeros totalmente inapropiados, pues son, en gran medida, parte interesada y están atrapados en sus propios sentimientos. Si hay hermanos, acaso se pueda intercambiar con ellos las respectivas vivencias, o bien con personas de la misma edad que se encuentren inmersas en una constelación familiar parecida. Pero independientemente de que la prole aprenda con virtuosismo a administrar los sentimientos y vínculos en la complicada red de la nueva familia o se comporte, más bien, de una forma torpe e insegura, lo que en todo caso resulta indudable es lo siguiente: en esa competencia entre distintas lealtades, cada hijo es remitido a sí mismo, tiene que arreglárselas él mismo con muchas cosas. Puede ser que se sienta solo en la coyuntura, puede ser que se haga más independiente, o acaso ocurran ambas cosas a la vez. De un modo u otro, la obviedad del antiguo modelo familiar ya ha dejado de ser lo que él vive. En la sucesión generacional se transmite, nuevamente, un mensaje individualista.

4. Panorama general: de una biografía normal a una biografía de retazos

Si seguimos las interpretaciones aquí presentadas, es preciso decir que en el desarrollo actual de la familia hay una dinámica peculiar. La fragilidad del modelo familiar tradicional, que hoy en día ya apunta, seguirá, según ello, incrementándose y generando en el futuro más rupturas, afectando cada vez más incluso a grupos que, hasta ahora, habían permanecido estables. Currículos parecidos a los que Cherlin describe en la historia citada anteriormente no representarían, pues, ningún camino típicamente estadounidense. Acaso en Alemania no ocurrirán historias así con tanta frecuencia como en Estados Unidos, pero cada vez serán más usuales también aquí. Igualmente aquí se difundirán esos patrones de matrimonios sucesivos, familias con más de dos padres, «familias *patchwork*», juntamente con las genealogías complicadas y la malla multicolor correspondientes.

Esto no excluye, al contrario, lo hace más probable, que se vayan configurando movimientos contrarios, que vuelvan a emerger anhelos y esperanzas que buscan en la familia un lugar seguro —el puerto adonde arribar en el laberinto de la modernidad— y hasta el encanto de un mundo desencantado. Pero deseo no es igual a realización del mismo, y esto es válido en este como en otros ámbitos. Nos ha de parecer más bien dudoso el hecho de que tales intentos de ir a contracorriente de la modernización tengan éxito y se logre un restablecimiento del modelo familiar tradicional, no en un caso aislado, acá o allá, sino en extensos grupos de la población. Pues tales intentos no tienen lugar en un espacio emancipado de lo social, más allá de la política, los medios, el derecho y demás, sino que se enmarcan en el entramado de los condicionamientos sociales que han generado las grietas en el modelo de familia tradicional. Incluso las fugas de lo moderno son parte de lo moderno, teniendo, con ello, sus contradicciones peculiares.

El diagnóstico hecho aquí en el ámbito de la pareja, el matrimonio o la familia —de más inestabilidad, más cambio, más transiciones y formas intermedias en el curso de la vida— es, por cierto, curiosamente semejante en su núcleo al hecho en otros campos de la sociedad moderna. Por ejemplo, podemos decir, haciéndonos eco de los resultados de recientes investigaciones en el ámbito profesional, que mientras que en la época de posguerra dominaba aún una estabilidad de las relaciones laborales, desde finales de los años setenta cada vez se resquebraja más la «relación laboral normal», en el sentido de una ocupación a tiempo completo, segura, continuada y duradera. En su lugar, gracias a la desregulación y a las tendencias de flexibilización del mercado de trabajo, han ido surgiendo nuevas formas, más variadas y también más inestables, de empleo. Éstas ya no pueden encerrarse en las viejas categorías —por un lado trabajo, por otro lado paro—, y se configura, más bien, una «nueva topografía del trabajo»: «Entre la relación laboral antaño normal y el paro oficial del que hablan las estadísticas se ha ido estableciendo, y cada vez más, un amplio abanico de relaciones laborales "precarias", "atípicas", "no estandarizadas"».[51] De forma similar, los nuevos estudios sobre la pobreza han revelado que, en nuestra sociedad, la pobreza frecuentemente no dura

51. Osterland, 1991, pág. 353.

toda la vida, sino que sólo abarca unos períodos de la misma, pero, en cambio, ahora se ven amenazados grupos más extensos de población, es decir, que tiene lugar una especie de democratización de la pobreza. El resultado es que «las situaciones de pobreza pueden ser consideradas como algo que presenta una "mayor movilidad" de la que tenía hasta ahora: con frecuencia la pobreza es únicamente un episodio que tiene lugar en un período de la vida. [...] Al mismo tiempo, la pobreza, en cuanto situación pasajera de la vida y riesgo latente, alcanza a las capas medias de la sociedad, no limitándose ya a los grupos marginales tradicionales y a los excluidos sociales de baja condición». Vista así, la pobreza es temporalizada, es menos cosa del destino y más algo específico de una fase de la vida: «Las situaciones de pobreza se revelan como una estructura compleja, integrada por fases de pobreza estricta, interrupciones, reapariciones y desapariciones».[52]

El paralelismo es evidente. Lo dicho aquí sobre las situaciones de pobreza se podría repetir, prácticamente con las mismas palabras, respecto a las situaciones familiares. De hecho, el resultado de un reciente estudio sobre la familia dice lo siguiente: la familia se convierte en una «fase transitoria de la vida»,[53] es más, en una «comunidad a tiempo parcial».[54] Según esto, si bien es verdad que la familia tradicional no desaparecerá, cada vez se hará más rara, dado que al lado surgen otras formas de convivir y relacionarse. Y entonces será cuando realmente habrá dejado de atar de por vida a multitud

52. Leibfried y otros, 1995, págs. 9 y 81.
53. Nave-Herz, 1992, pág. 190.
54. Imhoff, 1988, pág. 57.

de personas, haciéndolo únicamente en determinados períodos y fases de la vida.

Al final, las distintas facetas se unifican en una imagen unitaria. El diagnóstico afirma, sin lugar a dudas, que las situaciones vitales se hacen más alterables, más porosas y, ciertamente, también más frágiles. En lugar de los vínculos obvios dados de antemano, con frecuencia de forma forzada, aparece el principio «Hasta otra», tal como lo llama Bauman, que consiste en una especie de rechazo de los proyectos para toda la vida, las ataduras eternas, las identidades no transformables.[55] Cuando divorciarse se convierte en algo normal y aquello que antaño se llamaba normal quiebra cada vez en más ámbitos, entonces se puede decir: «La vida en obras».[56] En vez de las formas bien ensambladas entre sí, más posibilidades de elección y más decisiones propias, más comienzos y más despedidas. Más vuelos a lo alto y más caídas al abismo y, sobre todo, más movimientos de búsqueda. De la biografía normal a una «biografía de retazos»:[57] he aquí algo característico de la modernidad. Y acaso sea aquí precisamente donde está su núcleo creador de identidad, más allá de todos sus episodios, etapas y rupturas.

55. Zygmunt Bauman, «Wir sind wie Landstreicher – die Moral im Zeitalter der Beliebigkeit», *Süddeutsche Zeitung*, 16 y 17 de noviembre de 1993, pág. 17.

56. Así se titula una película de Wolfgang Becker (1997).

57. Acerca de ese concepto de una «biografía a retazos» véase, por ejemplo, Beck y Beck-Gernsheim, 1993, y Beck y Beck-Gernsheim, 1994.

CAPÍTULO III

La vida como proyecto de planificación

Así pues, si, como hemos dicho hasta ahora, las barreras de antaño, dadas de antemano en forma de naturaleza, religión, tradición, cada vez pierden más fuerza y obligatoriedad en su marcha hacia la modernidad y, en vez de eso, aparecen nuevas opciones y posibilidades electivas; si las formas de la vida privada —y en ellas no son lo menos importante los modelos de relación íntima— se hacen con ello más abiertas y alterables, aunque también más frágiles, si, por principio, pueden ser rotas, llevando siempre consigo de un modo soterrado el riesgo de la pérdida y el fracaso, ¿qué significa esto para el comportamiento de las personas en la vida cotidiana? ¿Cómo afrontan los hombres y las mujeres esas «libertades arriesgadas» que se van revelando en el curso de los procesos de individualización, cómo reaccionan a esa «inseguridad fabricada»,[1] característica de la época de modernidad avanzada en que vivimos?

1. Véase, sobre este punto, Beck, 1996, y Giddens, 1996.

La primera respuesta podría enunciarse así: la individualización genera una aspiración a la seguridad personal y esto puede tomar a su vez distintas formas. Por un lado, la creciente necesidad de seguridad se traduce en exigencias al Estado, o bien a las instituciones públicas, con la esperanza de que el Estado garantice, con todo un entramado de prestaciones y prescripciones, reglas y reglamentaciones, la protección del individuo.[2] Pero dado que el Estado nunca puede eliminar todos los riesgos y peligros ni solucionar todas las cuestiones y dudas, por lo que sigue habiendo siempre inseguridad, algunos se refugian en ideologías fundamentalistas, otros se adhieren a movimientos esotéricos, buscan apoyo en la magia, el mito o la metafísica. Sin embargo, al margen de tales patrones de comportamiento, que debieran hacer inocua o descartar la inseguridad, la modernidad ha creado sus propias directrices, unas instrucciones sobre la actitud que se debe tener para afrontar activamente la inseguridad de la vida preservando las condiciones de la individualización. Su punto de partida sería: ¡planificar! ¡Hacerse con el futuro! ¡Desviar el azar, dirigirlo y encauzarlo uno mismo!

En pocas palabras, que la vida se convierta —al menos ésa es la demanda— en un proyecto de planificación. El capítulo que sigue versará sobre el contenido de tal proyecto, cómo se manifiesta y, sobre todo, cómo opera en las distintas formas de relación privada, entre hombres y mujeres, padres e hijos.

2. Zapf, 1994; Hesse, 1994.

1. De la aparición del pensamiento de planificación

Ya que la «vida como proyecto de planificación» tiene sus raíces sociales y estructurales en el empuje que la modernidad da a la individualización, es importante determinar en primer lugar con más precisión lo que significa individualización, resumiéndolo en un punto que aquí resulta relevante.[3] Es verdad que la individualización supone una ampliación del radio de acción de la vida, una ganancia de espacios de acción y posibilidades de elección. Pero, no obstante, individualización no quiere decir, con toda seguridad, una especie de «lógica de la acción que hace, sin límite alguno, juegos malabares en un espacio casi vacío [...]»,[4] un desfogue sin barreras de los deseos de índole personal, ni tampoco una mera «subjetividad», pasando por alto el hecho de que «tras la superficie de los mundos que componen la vida hay una sociedad de instituciones altamente eficiente y entramada».[5] Muy al contrario, el espacio en que se mueven los sujetos modernos con sus actitudes opcionales es cualquier cosa menos un espacio asocial. La densidad de regulaciones de la sociedad moderna es tan conocida como vilipendiada (desde la revisión periódica de vehículos hasta la declaración de la renta o el

3. Más detalladamente en Beck y Beck-Gernsheim, 1993, y Beck y Beck-Gernsheim, 1994.

4. Éste es el concepto de «individualización» que dan por supuesto Ilona Ostner y Peter Boy (1991, pág. 18), enfrentándose luego críticamente con la tesis de la individualización.

5. Concepto de «individualización» que supone Karl Ulrich Mayer (1991, pág. 89), que luego critica la tesis de la individualización.

destino de los residuos clasificados), y el efecto de conjunto es el de una obra de arte altamente diferenciada con instalaciones laberínticas, que nos acompañan, literalmente, desde la cuna hasta la sepultura (ninguna existencia sin los certificados de nacimiento y defunción). Y a las regulaciones oficiales habrá que añadir las normativas más sutiles de los medios de comunicación, la publicidad o el consumo.

Labor activa de producción

Si, por consiguiente, tanto antes como ahora la vida del individuo está montada sobre multitud de presupuestos, ¿qué será, pues, lo constitutivo de lo específicamente actual, de la vida en el marco de las presentes condiciones de individualización? La diferencia estriba, en primer lugar, en el hecho de que los presupuestos son, hoy en día, de otro tipo: no son ya la pertenencia estamental, la religión, la tradición, sino el mercado de trabajo, el Estado social, el sistema de educación, la jurisprudencia, etc. Y la característica esencial de estos presupuestos modernos es que el propio individuo, mucho más que antes, los ha de producir, en cierto modo, él mismo e incorporarlos, con su propio hacer a su biografía. Esto tiene que ver, fundamentalmente, con el hecho de que los postulados tradicionales de la sociedad preindustrial contenían, con frecuencia, una serie de rigurosas limitaciones, y hasta prohibiciones, de la acción individual (como, por ejemplo, la prohibición de casarse, que hacía imposible el matrimonio para extensos grupos de población, o la ordenación de la indumentaria, que prescribía detalladamente lo que a los estamentos inferiores de la sociedad no les estaba permitido vestir). En cambio, los postulados institucionales de la sociedad moderna son más bien propuestas o estímulos de actuación (piénsese, por ejemplo, en el Estado del bienestar, desde el subsidio de paro hasta el BAFöG* o el sistema de cuentas-vivienda). Uno *entraba por nacimiento* en el sector correspondiente de la sociedad (como en el estamento o en la religión). En relación con los nuevos supuestos institucionales, al contrario, uno tiene que *hacer* algo, esforzarse activamente, por ejemplo autoafirmarse en el mercado laboral, o solicitar, fundamentando la solicitud, prestaciones, ayudas para la vivienda, etc. Ahora lo tiene que conseguir uno mismo, sabiendo salir adelante en competencia con otros por los recursos limitados disponibles. O por decirlo con Parsons: ya no se trata prioritariamente de posiciones adjudicadas, sino adquiridas.

Pero el que no conozca bien el mecanismo de este tipo de adquisición pondrá en peligro su propia posición. Quien no se adapte a los presupuestos institucionales de la sociedad moderna y no tenga la flexibilidad suficiente para manejarlos deberá sufrir las consecuencias en su vida personal. Arriesga su puesto de trabajo, sus ingresos, su posición social. Tal como escribe Ulrich Beck: «En la sociedad individualizada, el individuo [...] ha de aprender, bajo pena de ser pospuesto permanentemente, a considerarse a sí mismo como el centro de acción, la oficina de planificación de su propio currículo vital, de sus capacidades, orientaciones, emparejamien-

* Siglas que designan las ayudas para formación concedidas por el Bundesministerium für Bildung und Forschung. (*N. del t.*)

tos, etc.».[6] Cuando el curso de la vida ha dejado de ser algo fatal y se convierte más bien en un espacio lleno de posibilidades, entonces se exigen nuevas capacidades, nuevos patrones de pensamiento y conducta. Con la ampliación de los espacios opcionales crece la necesidad de actividades que uno mismo se ha de ganar trabajando, requiriéndose un conjunto de prestaciones que tienen que ver con decisiones de coordinación e integración escogidas por votación. A medida que progresa la modernidad se exige, cada vez más, una gestión activa y autoguiada de la propia vida, que se haga cargo de los supuestos institucionales vigentes, aplicándolos y manejándolos con destreza y que, en un caso dado, sepa también rechazarlos y maniobrar al margen de ellos. Martin Kohli ha sabido encerrar el núcleo de todo ello en la fórmula: «La vida ya no es [...] un "admirable don de Dios", sino una posesión individual, por cuya duración hay que combatir. Y aún más: se convierte en una tarea que hay que realizar, en un proyecto individual».[7]

Imperativo de futuro

En este sentido, la individualización significa también, esencialmente, desprenderse de las formas anteriores de conducción de la vida y aseguramiento de la existencia. Eso lo aportaba en la vida cotidiana la familia, como comunidad laboral y económica, apoyada, en caso necesario, por la aldea o la parentela.[8] Cuando

6. Beck, 1986, pág. 217.
7. Kohli, 1986, pág. 185.
8. Borscheid, 1988.

tales referencias auxiliares se quiebran, asegurar la existencia se convierte, prioritariamente, en tarea del mismo individuo. Éste se ve obligado a adquirir sus medios de subsistencia con su propio rendimiento y abriéndose paso en el mercado laboral. Y mientras que, en la fase inicial de este desarrollo, esto iba referido sobre todo al varón, que según el modelo de la sociedad burguesa era el encargado de *alimentar* a la familia, en la actualidad cada vez es mayor el número de mujeres a quienes —por mucho que la forma pueda ser contradictoria— se les permite o bien se les impone la tarea de asegurarse de forma autónoma su existencia. Sólo en casos de situaciones catastróficas puede el individuo solicitar las ofertas de ayuda del Estado social (y dado que éstas vienen sujetas, a su vez, a un conjunto de contribuciones, restricciones e interpretaciones, no se reciben siempre).

En estas condiciones, tiene que ver con el interés de cada individuo el hecho de desarrollar una serie de estrategias de aseguramiento a fin, como diría Kohli, de defender lo que posee y conservar a largo plazo los medios de conducción de su vida. Para ello a su vez es importante armarse contra los riesgos y las amenazas potenciales. Por tanto, es un elemento central de todas las estrategias de aseguramiento el hecho de tener un pensamiento previsor, una especie de sistema de aviso desarrollado por uno mismo, que detecte lo antes posible los riesgos a fin de poder evitarlos o bien hacerlos inocuos. No por casualidad el término «prevención» se ha convertido en un lema y una expresión de moda omnipresente: la prevención, entendida como una combinación de cautela y previsión, se ha convertido en un imperativo de la sociedad individualizada, lo cual significa, precisamente, pensar de antemano, calcular y controlar el futuro. Juntamente con el factor de la planificación se introduce también, en la gestión individual de la vida, una especie de «imperativo de futuro».

En el libro realizado en colaboración por Peter y Brigitte Berger y Hansfried Kellner se afirma al respecto: «En la sociedad moderna esta planificación de la vida ha devenido un valor en sí mismo. [...] Es de notar que una gran parte de las conversaciones entre los miembros de la familia [...] se relaciona con sus perspectivas vitales. Se reivindica continuamente el plan de vida». Los mismos autores no dejan de tocar también la otra cara del asunto cuando escriben: «La carencia de tal plan de vida da pie, generalmente, a la desaprobación».[9] Quien no planifica cada vez aparece más sospechoso ante la conciencia moderna. Se le adjudican las etiquetas de ingenuo, irracional, irresponsable. Y, en caso de duda, una persona así debe cargar ella misma con las consecuencias: el diagnóstico, en este caso, no habla ya de destino, sino de que «ella misma es culpable».

Se extiende el saber de los expertos

En el desencantado mundo moderno una persona debe planificar, ser previsora, obrar sabiendo lo que quiere y, sin embargo, ¿cómo hacer posible todo esto? La respuesta es sencilla, al menos a primera vista, y reza así: en el curso de los procesos de secularización incluso las instancias encargadas de orientar a la gente se han secularizado, y ahora se llaman especialistas,

9. Berger, Berger y Kellner, 1975, pág. 66.

científicos, consejeros. La clase de los expertos ha experimentado un ascenso y no para de extenderse más y más. Llegan, literalmente, a todos los rincones y movimientos de la vida, desde la moda y la indumentaria hasta el ámbito del consumo, de los viajes o la organización del tiempo libre, desde el enfoque de la alimentación y la educación hasta el deporte y la gimnasia, e incluso a las regiones más íntimas del individuo: el amor, la sexualidad y los problemas de relaciones. En una palabra, que los consejeros están en todos los sitios, omnipresentes, y esto no es casual. Pues quien se ve obligado a planificar antes tiene que buscar información, sopesarla, filtrarla, cotejarla con otras y, en algunos casos, recabar nueva información.

En este sentido, escribe Anthony Giddens, nuestro mundo actual es «un mundo de gente juiciosa». Con ello no quiere decir que la gente sea actualmente más inteligente que antes. Significa que, en las circunstancias actuales de disolución de lo tradicional y de individualización, cada vez se convierte más, y con la mayor obviedad, en parte integrante de la vida cotidiana el saber de los expertos: «Las informaciones generadas por los especialistas [...] no pueden ya limitarse a unos grupos específicos, sino que son interpretadas también por las personas no expertas en el curso de sus acciones cotidianas y puestas como base de su forma de obrar».[10]

Los consejeros prometen dar con el camino adecuado para una buena alimentación y una compra más barata, para el éxito profesional y la realización de una carrera, para una educación correcta y la consecución de una figura esbelta, para la felicidad en la pareja y el

10. Giddens, 1997, pág. 26.

trato adecuado de las crisis anímicas. Proyectan teorías, estrategias, propuestas de solución, cuentan las ventajas e inconvenientes, prescriben recetas y emiten reglas, señalan vías y salidas. En una palabra, ofrecen una ayuda práctica en la optimización y cálculo de la vida de uno.

¿Lo hacen, realmente? Ésa es la cuestión, y una respuesta global sería a todas luces inadecuada. Pero al menos hay algo que está claro: el saber que ofrecen los expertos se diferencia esencialmente de los órganos de orientación tradicionales. Mencionemos enseguida el punto de divergencia fundamental: el saber de los expertos, por mucha seguridad que prometa y muchos sellos de verificación y certificados de autenticidad que muestre, es siempre, por su propia naturaleza, inseguro, y esto por dos motivos.[11] El saber de los expertos no es estático, sino que está en permanente expansión y difusión, lo cual significa que se deja atrás a sí mismo y se vuelve anticuado. Mencionemos un ejemplo especialmente claro: hace no más de un par de decenios, muchos médicos recomendaban a sus pacientes el tabaco como medio de relajación corporal y psíquica.[12] Hoy, en cambio, como es sabido, emiten sombrías advertencias al respecto, y no hay ningún anuncio de cigarrillos sin el pertinente aviso de «fumar es perjudicial para la salud». Algo parecido pasa con dar de mamar a los bebés; antes se recomendaba a las madres un comportamiento estricto, que diesen de mamar siguiendo una rigurosa planificación del horario, mientras que hoy en día algo así es considerado perjudicial para el crecimiento del niño y la divisa es dar de mamar según las

11. *Ibid.*, pág. 138.
12. Giddens, 1996, pág. 163.

necesidades del bebé. Podrían multiplicarse indefinidamente los ejemplos. Y no sólo encontramos un cambio radical de las recetas y de las reglas en distintas posiciones del eje del tiempo, sino que incluso en un mismo período temporal nos vemos confrontados con la coexistencia y contraposición de un conjunto de expertos que compiten entre sí y que si bien todos ellos prometen un saber, en su resultado, si comparamos las informaciones respectivas, no es raro que lo que nos ofrecen, más que un saber, sean contradicciones. Luego nos queda irritación, confusión y dudas. Como escribe Giddens: «Aquí no hay ningún superexperto que nos indique el camino».[13] Y ya que esto es así, y necesariamente así, el saber de los expertos no puede alcanzar nunca aquel grado de seguridad o aquella reivindicación de legitimidad que antaño tenían las instancias orientadoras.

El saber de expertos es, por tanto, por sus posibilidades, siempre frágil, cosa que, en condiciones normales, puede permanecer oculto durante mucho tiempo, pero en algunas situaciones, y sobre todo a consecuencia de una crisis, se hace completamente evidente, de repente, cuando los expertos sacan a relucir públicamente sus controversias. Por ejemplo, después del accidente de Chernobil, el problema del sida o las consecuencias del mal de las vacas locas: ¿qué nocivas son qué clase de sustancias contaminantes, cómo son las vías de contagio, quién está más expuesto, cómo puede uno protegerse? Los expertos pueden discutir, pero el profano tiene que comportarse de un modo u otro (en relación con la sexualidad, la alimentación, la educación, etc.), tiene que configurar su vida de una forma u otra. Se le

13. Giddens, 1997, pág. 139.

llama a ser un «ciudadano maduro», informado, consciente de su responsabilidad, que sopesa todo racionalmente, pero la cuestión es: ¿a qué informaciones puede dar crédito? Se multiplican las situaciones en las que él (*pardon*, también, naturalmente, ella, la ciudadana madura, y ya en su papel de madre que ayuda a sus hijos) se ve expuesto en una jungla de propuestas de expertos y tiene que construirse en ella su propio camino, sea como sea; quizá solo, quizás intercambiando información con otros afectados o con grupos de autoayuda, acaso animoso y consciente de sí mismo, acaso inseguro y perplejo.

Pero, de un modo u otro, el resultado es que se produce un cambio persistente del paisaje social. Dado que las opiniones de los expertos — completamente distintas, por ejemplo, de los dogmas de la Iglesia— no anuncian la única y genuina verdad, sino que suministran una serie de definiciones y enunciados que compiten entre sí, queda roto el marco de aquellos sólidos supuestos tradicionales, cuyo valor se daba por evidente. Al comportarse los ciudadanos maduros unos de una manera, otros de otra —y cada uno tiene sus buenos motivos—, se extienden más y más los campos de acción. Cada vez son trazados más caminos y senderos, que se entrecruzan, corren paralelos o se alejan de nuevo, y surge un embrollo de líneas: junto con la inseguridad, crece también una nueva falta de sinopsis.

2. El pensamiento previsor en el campo de las relaciones privadas

Observemos ahora cómo las formas actuales de planificación de la vida y del futuro operan, concretamente, en el ámbito privado y qué nuevos patrones de comportamiento hacen aparecer. La cuestión fundamental es ver cómo esa «obsesión por el futuro» que se ha empotrado en la corriente vital como un ideal típico de la modernidad se traduce en el comportamiento cotidiano, qué estrategias, y acaso también qué dilemas, conlleva.

La pareja a prueba

Comencemos con el amor, la sexualidad y la relación de pareja, esto es, en el ámbito aparentemente más íntimo, totalmente determinado por los sentimientos, lejos, pues, de las estrategias del cálculo y control. Ésa es, al menos, la versión de los textos de las canciones de éxito y de las novelas de amor; sin embargo, la realidad es algo distinta. Es verdad que hace ya mucho tiempo que se han resquebrajado las leyes de la Iglesia que imponían la abstinencia prematrimonial, pero también es verdad que los niños aprenden de un modo completamente oficial en sus clases sobre ilustración de esta materia la conexión entre sexualidad y embarazo o cómo el contacto sexual encierra la amenaza del contagio del sida, de lo que se sigue: hay que ser «precavidos» de la forma que uno pueda. Aunque no todos, en su comportamiento, se atengan siempre a esto, lo cierto es que todos —por la escuela, la televisión, las revistas, las campañas de los medios— han oído hablar de ello y saben que hay «riesgos». Este saber ha cambiado, de forma persistente, el comportamiento sexual, haciendo que aparezcan nuevas formas de planificación del mismo (desde la toma regular de píldoras hasta llevar «por si acaso» un preservativo en el bolsillo).

Por lo que respecta a la relación de pareja, no se puede dejar de ver que el matrimonio no cumple hoy, en muchos casos, su promesa de ser una unión para toda la vida. Y cuanto más salta a la vista el riesgo de fracaso y separación de la pareja, con tanta mayor frecuencia puede observarse cómo van surgiendo, para hacer frente a ello, una serie de estrategias de prevención. Hay, por ejemplo, ofertas de una *premarital therapy,*[14] de una *premarital check-list*[15] o incluso de una «terapia de comunicación prematrimonial»,[16] todas ellas con el propósito de encontrar el foco de las crisis y los conflictos potenciales antes de que comience el matrimonio. Asimismo, hay un número creciente de mujeres que antes de casarse encargan a una oficina de detectives que investiguen los puntos oscuros de la vida anterior del novio (como deudas, drogas, criminalidad).[17] Quieren cerciorarse así de si el futuro cónyuge es, realmente, el adecuado para esa función.

Cada vez son más las parejas que antes de casarse suscriben un contrato matrimonial donde las regulacio-

14. Leigh, 1985.

15. Brothers, 1985, págs. 63-73.

16. «Preparación del matrimonio. Programa de aprendizaje para la pareja», elaborado por K. Hahlweg y colaboradores según un documento del *Premarital Relationship Enhancement Program, PREP* (Markman y otros, 1984), manual hectografiado, febrero de 1990. Ese ejercicio de comunicación con el fin de desarrollar un «diálogo controlado» es un ensayo de modelo científico financiado por el Ministerio de Asuntos Sociales bávaro y la Iglesia católica.

17. *International Herald Tribune*, 11 de diciembre de 1989; *Süddeutsche Zeitung*, 10 de septiembre de 1990, y 30 y 31 de mayo de 1992.

nes afectan a puntos que pueden ser, en cada caso, diferentes (desde las disposiciones en torno al uso del dinero y el patrimonio hasta el estilo de vida y el número de hijos), pero el motivo es, por lo general, semejante en todos los casos: no se quiere dejar que la suerte siga su libre curso, sino atar y asegurar todo por vía jurídica.[18] Tales formas de «previsión de la separación»[19] no surgen por casualidad ni tampoco son meros productos de inclinaciones y neurosis de índole personal. Cuando todo se vuelve inseguro, cuando las antiguas tradiciones y normas cada vez pueden aspirar a menor validez, entonces uno quiere, al menos en lo que dependa de su propia gestión —es decir, en el comportamiento privado de dos personas—, crear alguna forma de obligatoriedad, seguridad, fiabilidad; en una palabra, hacer del futuro algo calculable.

Puede que éstos sean unos ejemplos particulares, sólo típicos para una minoría. Pero como muestran las estadísticas demográficas, en los últimos años se ha ido estableciendo otro modelo, que ya hace mucho tiempo que no concierne únicamente a un pequeño grupo, sino que tiende a convertirse en un caso normal: cada vez son más las parejas que conviven un tiempo juntos antes de casarse (o, finalmente, sin casarse). Con toda seguridad, sería falso dar una explicación monocausal al ascenso de esta forma de vida, pues intervienen aquí distintos factores. Pero probablemente no sea casual que se haya dado en llamar al matrimonio sin certificado oficial «matrimonio *a prueba*»: está claro que muchas

18. *Der Spiegel*, nº 14, 1990, págs. 162-168.

19. Peter de Thier, «Goldene Zukunft durch Ehevertrag – für Anwälte», *Süddeutsche Zeitung*, 27 de agosto de 1991.

parejas primero quieren poner a prueba cómo concuerdan entre sí o pueden arreglárselas el uno con el otro antes de aventurarse a dar el paso hacia el registro matrimonial,[20] un comportamiento que tiene su lógica interna. Cuando han dejado de funcionar las antiguas formas de aseguramiento del matrimonio —es decir, la elección y el control de los posibles cónyuges mediante todo aquel entramado de unión entre las familias—, cuando, al mismo tiempo, ya no sirven de soporte los antiguos ideales ni los modelos del papel que los esposos deben desempeñar, la gama de posibles formas de familia y convivencia se amplía cada vez más; y entonces resulta de lo más natural, antes de que la cosa llegue a mayores, hacer esa prueba práctica, esto es, probar lo que es el matrimonio antes de llevar a cabo el acto oficial. Acaso haya que explicar así el hecho de que las estadísticas demográficas de los últimos años muestren un incremento de la edad a la que la gente se casa. Por hacer un resumen simplificado: si uno ha de planificar, probar, asegurarse de antemano, el resultado final es que la decisión de casarse tienda a tomarse más tarde.

Mientras que en la sociedad burguesa de antaño el camino hacia el matrimonio pasaba por toda una serie de estadios obligatorios, siguiéndose unos a otros como lo más natural (conocerse, aprobación de los padres, prometerse, esponsales, comienzo de un hogar en común), el camino de hoy en día es totalmente distinto: dado que aquellos prepuestos sociales prácticamente se han disuelto, cada persona ha de suministrarse sus propias seguridades. Cada una puede elegir, de ese espacio de

20. Nichteheliche Lebensgemeinschaften..., 1985, pág. 59; Vaskovics y otros, 1991.

EDAD DE MATRIMONIO DE VARONES Y MUJERES EN AÑOS

Año	Alemania Occidental		Alemania Oriental		Alemania	
	Varones	Mujeres	Varones	Mujeres	Varones	Mujeres
1980	26,1	23,4	—	—	—	—
1985	27,2	24,6	24,8	22,7	26,6	24,1
1990	28,4	25,9	25,8	23,7	27,9	25,5
1993	29,3	26,9	27,6	25,5	29,2	26,8
1995	29,9	27,5	28,5	26,4	29,7	27,3
1996	30,1	27,7	29,0	26,7	30,0	27,6

Fuentes: Composición propia siguiendo los datos facilitados por la Statistisches Bundesamt, 1990, pág. 102, y verano de 1997, pág. 222.

posibilidades de formas previas y formas de prueba, la combinación que considere más adecuada. De todo ello surge un conjunto de cuestiones, se precisan algunas decisiones y el resultado depende de las preferencias, la cultura, la propia historia de la persona y no poco de la experiencia anterior con otras relaciones: en ningún sitio está escrito que los dos partícipes lleguen a respuestas coincidentes. ¿Queremos mudarnos a una casa juntos, ahora, después o, acaso, mejor nunca? Si ella insiste en ese entrenamiento de comunicación prematrimonial y él lo considera una tontería, ¿qué harán? Si uno de ellos quiere formalizar ante notario una serie de estipulaciones matrimoniales y el otro lo interpreta como un acto de desconfianza, o bien los dos están de acuerdo con algo así pero no están de acuerdo sobre el contenido de sus cláusulas, ¿cómo seguir? ¿Y si únicamente se trata de cuestiones y decisiones de carácter objetivo? Lo malo es que a eso hay que añadir las interpretaciones de índole subjetiva, los significados que ambas personas atribuyan a este o aquel comportamiento, el contenido simbólico que en él vean: ¿a cuánto obliga este comportamiento o aquel otro? Si nos mudamos juntos a una vivienda, ¿lo hacemos porque es más práctico y económicamente más recomendable, o quiere decir que tomamos la cosa en serio y aspiramos a un futuro en común? Ya no hay una contestación obvia. Y sí, en su lugar, un conjunto de interpretaciones individuales que, en caso de no coincidencia, van a acabar en malentendidos y, todavía peor, en todo un cúmulo de reproches. Es decir, lo que aquí ocurre son acercamientos que van palpando el terreno y que sin duda amplían el campo de posibilidades, pero también sin duda, el de las zonas de conflicto. Giddens tiene razón cuando escribe que nuestra vida cotidiana se ha convertido en algo «experimental», un «gran ensayo», remarcando que eso vale, de una forma peculiar, para el ámbito de las relaciones personales.[21] A lo cual podríamos agregar que en esto ocurre como en otros experimentos: unos salen bien y otros no.

Aparte de ello, las formas de asegurarse que se van poniendo de moda, desde las estipulaciones notariales sobre puntos concretos del matrimonio hasta el matrimonio a prueba, tienen su propia lógica interna y, por tanto, su propia dinámica. Son, en el fondo, estrategias de autoprotección.[22] Ya que, en caso de conflicto, anteponen la autonomía y los derechos del individuo y, aunque sin decirlo, valoran menos la estabilidad de la relación, contribuyen a incrementar el riesgo de que la unión se resquebraje. La persona que quiere formalizar un contrato matrimonial para, en un caso dado, asegurarse y

21. Giddens, 1997, pág. 122.
22. Véase el cap. 2: «Cuando la separación se hace normal».

cubrirse la retirada de hecho ha consolidado mejor su propia posición, y puede más fácilmente, si llegan turbulencias a la pareja, decidirse por el divorcio. Dado que los costes son menores, le es más fácil disolver el matrimonio.

Planificar la paternidad

Si seguimos analizando las estadísticas demográficas, encontraremos también un número creciente de «padres mayores», un envejecimiento en la edad de los padres y, sobre todo, de la mujer cuando alumbra el primer hijo.

No cabe duda de que esta tendencia no puede explicarse por una sola causa, pero hay buenas razones para sospechar que el efecto de retrasar la maternidad apunta también a los deseos de asegurarse que tiene la persona. En todo caso, de los estudios empíricos surge claramente el siguiente cuadro: lo que antaño era la cosa más natural del mundo se va convirtiendo, cada vez más, en una empresa que precisa de una serie de reflexiones a largo plazo y de consideraciones de sus pros y contras.

La divisa es «planificación familiar», o también «paternidad responsable»,[23] y su responsabilidad se mide por muchos factores, que van desde la cuestión de la estabilidad de la relación de pareja, pasando por la del patrimonio y la vivienda, hasta la determinación del momento oportuno dentro de la biografía profesional de la persona. Así es como de eso que se llama una situación decisoria en realidad se hace con frecuencia un

23. Kaufmann, 1988, pág. 122.

PROMEDIO DE EDAD DE MUJERES CASADAS AL NACER SU PRIMER HIJO EN ALEMANIA OCCIDENTAL Y ALEMANIA ORIENTAL, 1970-1996

Año	Alemania Occidental	Alemania Oriental	Alemania
1970	24,3	22,5*	—
1980	25,2	22,3*	—
1991	27,1	24,9	26,9
1995	28,2	26,9	28,1
1996	28,4	27,3	28,3

Fuente: Statistisches Bundesamt.
* Edad media de todas las mujeres al nacer su primer hijo.

largo proceso de decisión; sobre todo en ese ambiente de «nuevas mujeres» (a veces también hombres) que —con muchas ideas de psicología, pedagogía y mucha experiencia propia en la cabeza— quieren hacer ahora todo con plena conciencia. El lema para las madres potenciales es de este tenor, según lo formula programáticamente un manual para mujeres: en primer lugar, «sopesar todo cuidadosamente» y luego «tomar una decisión que sea realmente segura».[24] Y esta divisa se sigue cada vez más. Un estudio empírico sobre el tema constata: «Muchas de las mujeres preguntadas se lamentan de una pérdida de espontaneidad. Tienen la impresión de que antes los hijos eran traídos al mundo de una forma más natural, mientras que ellas, ahora, han de tomar una decisión plenamente consciente».[25]

La omnipresencia de este imperativo de planificación se pone de manifiesto precisamente en el caso de

24. The Boston Women's Health Book Collective, 1987, pág. 640.

25. Nichteheliche Lebensgemeinschaften..., 1985, pág. 78.

aquellas personas que lo transgreden: se hacen reos de desaprobación. Pocos serán los parabienes o el apoyo que puedan esperar de la opinión pública. «La nueva moral significa prevención, una prevención consciente, racional, técnicamente segura. Su ideal es la persona moderna e ilustrada, que asume el acto de la procreación consciente de su responsabilidad. [...] Aquella persona que, en una época de posibilidades ilimitadas de prevención, no hace ningún uso de ellas casi es vista como sospechosa. Los métodos preventivos se convierten, del mal necesario que eran, en un deber del ciudadano ilustrado.»[26] Se asignan nuevas culpas, que recaen, especialmente, sobre las mujeres. Cuando los deseos individuales y las condiciones institucionales apenas ya si concuerdan, la posibilidad de planificación se convierte fácilmente en la «trampa de la planificación».[27] Y entonces la tecnología de los métodos preventivos es usada para estigmatizar a aquellas mujeres que toman «falsas» decisiones o se niegan a arbitrar conscientemente, de una forma «racional» y «razonable», una solución «óptima». En el campo visual únicamente aparece la mujer sola y su comportamiento correspondiente, no, en cambio, las contradicciones que suponen para la familia los postulados actuales de índole profesional. «No son consideradas "irracionales" las estructuras de las profesiones que exigen de las mujeres una decisión entre dos alternativas, sino las mujeres que no se adaptan enteramente, en su planificación familiar, a tales estructuras. Allí donde es, en principio, concebible una decisión segura a favor o en contra de tener

26. Häussler, 1983, pág. 65.
27. Rerrich, 1988, pág. 60.

hijos gracias a la píldora o el DIU, las consecuencias de las decisiones "falsas" son individualizadas y recaen sobre las propias mujeres.»[28] Y a esto se añaden aún otras variantes de esa rampa de la planificación. Mujeres que dan largas a su deseo de tener hijos hasta que su situación profesional sea segura quizá se vean obligadas, finalmente, a constatar que hay otros condicionamientos importantes que no cuadran. Puede que la mujer haya llegado al momento profesionalmente idóneo para tener hijos, pero he aquí que entonces no hay, o ha dejado de haber, una relación de pareja consolidada. Y, al mismo tiempo, se hace notar el aviso del reloj biológico, pues a medida que aumenta la edad de la mujer desciende la probabilidad de una concepción y un embarazo. Resulta, pues, un efecto paradójico. La persona que planifica durante mucho tiempo, difiere y aplica métodos preventivos, corre asimismo el riesgo de que, finalmente, la planificación no pueda ya, en la práctica, traducirse en nada: cuando, al fin, toma la decisión de tener un hijo, esa decisión se revela ya como irrealizable.

Del diagnóstico prenatal al «embarazo a prueba»

En el caso de que finalmente se tome la decisión de tener un hijo y de que, de hecho, se produzca un embarazo, no ha terminado aún el tiempo de planificar y asegurarse. Al contrario, es ahora cuando comienza de verdad. A partir del rápido desarrollo de las técnicas médicas en los últimos decenios y, sobre todo, del florecimiento de la actual tecnología y diagnosis genética, el

28. *Ibid.*, pág. 61.

embarazo se ha ido convirtiendo cada vez más en una empresa en la que se han de medir los riesgos: se ve asediado por el consejo de los expertos, abierto a la aplicación de un conjunto de pruebas, aparatos e intervenciones médicas y sometido a las múltiples formas de un «estado de sitio asistencial».[29] Cosa que vale sobre todo para aquellos grupos que, como hoy en día se dice, implican un elevado riesgo genético y que, por ello, incluso son llamados «grupos de riesgo» (sea a causa de sus circunstancias personales, como por ejemplo la edad, sea por su historia familiar, en donde se puede demostrar la existencia de enfermedades condicionadas genéticamente). En un contexto así, se recomienda de una forma especial una serie de medidas de «prevención» o «profilácticas», lo cual significa, la mayoría de las veces, la realización de una consulta con el genetista tras el embarazo (o, todavía mejor, antes), sometiéndose a algunas pruebas específicas interrumpiendo, si el resultado es desfavorable, el embarazo e intentando, si la persona quiere, uno nuevo. Dicho de otro modo, empieza el llamado «embarazo a prueba».[30]

Se da la tendencia a alabar tal comportamiento, como expresión de una nueva forma de responsabilidad. Así, por ejemplo, Hubert Markl, un destacado representante del ámbito de las ciencias de la naturaleza, escribe que «la renuncia a tener hijos por razones de este género [de riesgo genético] merece, al menos, tanta alabanza, y acaso más, que la decisión de dejar, en determinadas circunstancias, en un acto de piedad de inexorable fatalismo, que un destino cruel siga su

29. Frevert, 1985.
30. Rothman, 1988.

curso».[31] Todavía es más claro Martin Sass, figura prominente de la nueva bioética. Tilda las decisiones de reproducción que impliquen riesgos de «irresponsables para con la sociedad, que recibe a un ser terriblemente desfavorecido en su comunidad solidaria».[32] Tales concepciones cobran ya difusión incluso en la conciencia cotidiana, teniéndose por ignorantes o necias a mujeres que no utilizan las ofertas del diagnóstico prenatal y genético para marcarse, según él, sus propias metas: «Éstas prefieren, probablemente, esconder la cabeza bajo el ala en vez de averiguar la verdad».[33]

De modo que el embarazo no es, hoy en día, simplemente un suceso natural, sino algo que precisa de una responsabilidad consciente y una enseñanza especial y, dado el caso, incluso de una consulta al genetista. Pues según se promete, así se hacen posibles, «en el ámbito de la reproducción, decisiones basadas en una buena información».[34] La cuestión es si lo prometido, de hecho, se cumple. O, por decirlo con más precisión, en qué situaciones se cumple y en cuáles más bien no, pudiendo darse la eventualidad de que, a consecuencia de ello, aparezcan nuevos dilemas.

Comencemos con una constelación no problemática. Ésta se da cuando a una pareja que desea un hijo se le pueda comunicar que, a partir de las historias familiares de uno y otro, no hay motivo alguno para contar con un elevado riesgo genético en el caso de un emba-

31. Markl, 1989.

32. Véase Bundesministerium für Forschung und Technologie, 1984, pág. 123.

33. Frase de una entrevista en Schindele, 1990, pág. 66.

34. Pander y otros, 1992, pág. B 2787.

razo. Una situación similar la encontramos cuando a una mujer embarazada se le puede comunicar que, dado el resultado del diagnóstico prenatal, se puede excluir una temida anomalía (por ejemplo, el síndrome de Down). Tales casos son, por tanto, aproblemáticos porque se puede emitir un dictamen genético que concuerda con los deseos y esperanzas de los afectados. Así es posible disipar las angustias que hubiera, pudiéndose desarrollar con más libertad el gozo de tener un hijo.

Otra es, sin embargo, la situación cuando el diagnóstico prenatal sólo permite un dictamen con un grado de probabilidad (por ejemplo: hay un 25% de riesgo de enfermedad para cada hijo). Es sabido que los datos de probabilidad estadística no pueden decir nunca nada seguro sobre el caso concreto, el embarazo que aquí y ahora tiene lugar o ha sido planificado. Pero sigue siendo verdad que «no se da una mujer un poco embarazada». De ahí que la cualidad del resultado del diagnóstico genético no case muy bien con la propia lógica de la situación en que ha de tomarse la decisión, que sólo deja dos alternativas: sí o no, el embarazo o el no embarazo. Y así las personas interesadas se quedan solas con sus angustias y sentimientos. Esto no es por casualidad ni tiene que ver con el fracaso personal de los asesores, sino que más bien está condicionado por el propio sistema. Pues el saber que proporciona el diagnóstico genético es un saber que se limita a lo técnico, no un saber que se pueda hacer cargo de las cuestiones y conflictos existenciales en que se ven envueltas las personas afectadas.

Pero se han de esperar, probablemente, cargas psíquicas aún más graves cuando a una mujer embarazada se le tiene que comunicar un resultado que destruye directamente sus esperanzas, es decir, cuando efectivamente se detecta una anomalía genética. Aquí es cuando, de verdad, la paciente se ve confrontada con cuestiones existenciales, en el sentido literal de la expresión. Se trata de la vida o la muerte del hijo que está creciendo dentro de ella o, más exactamente, de *su decisión* sobre su vida o su muerte, esto es, de una acción activa suya, y, dado el caso, de su aprobación consciente de que se provoque la muerte del hijo que va a nacer. Aquí es donde surge, de verdad, un dilema existencial: por un lado, el miedo que causa una vida de sufrimiento y discapacidades, con las consecuencias que esto pudiera tener para la propia vida; por otro, los sentimientos de culpa, la angustia que genera la muerte, el luto por un hijo que (como suele ser el caso en pacientes de más edad) había sido ansiado desde hacía mucho tiempo.

La finalidad de la genética humana es ayudar a que sus clientes tengan más autonomía, pero, en los casos trágicos descritos, la situación, desde la perspectiva de los pacientes, presenta un aspecto distinto: muchas personas se sienten atrapadas en una situación que —decidan lo que decidan— está cargada de angustia y culpa.[35] Muchas se encuentran, de repente, inmersas en una situación de *double bind*, con todos sus embrollos. Ninguna de las decisiones que están a su alcance es la que quieren. En un libro científico sobre la praxis y los principios de la asesoría genética se dice al respecto: «Individuos o parejas que, con el trasfondo de un riesgo genético, toman una decisión sobre tener o no tener hijos frecuentemente sienten que les han dejado en la

35. Ringler, 1994; Schmidt y otros, 1994.

estacada, en una situación *no-win*. Pueden decidirse a vivir sin hijos y con la pena asociada a ello; también pueden arriesgarse a tener un hijo (incluso un segundo hijo) aquejado de una insidiosa enfermedad, con todas las preocupaciones y sufrimientos que esto conlleva; o bien pueden decidirse a hacer, en caso de embarazo, una prueba genética y, si el resultado fuera desfavorable, eventualmente interrumpirlo».[36] Nadie puede poner en duda de que aquí se trata de decisiones. Pero, asimismo, resulta evidente que estas decisiones son decisiones trágicas. El diagnóstico prenatal puede comunicar, es cierto, unos resultados, pero las cuestiones que inopinadamente puedan surgir son de una dimensión totalmente distinta: ¿qué es la vida, cómo se mide, en caso de duda, su valor, qué necesidades y derechos prevalecen, cuáles han de ser pospuestos? Como dice un manual divulgativo del diagnóstico prenatal: estamos ante una «odisea moral».[37]

Sólo nos queda la cuestión de las consecuencias de todo esto para la pareja afectada. Pues, al fin y al cabo, de quienes se trata aquí es de ellos dos, la mujer y el hombre, con su deseo de tener uno o más hijos. Como sabemos por la psicología social, las situaciones de necesidad pueden muy bien unir, estrechar más los vínculos en las cuestiones comunes, y acaso también en la pena común. Pero también puede ocurrir el caso contrario: la separación, que se imponga lo disgregador. Dado que la característica de la odisea es que nadie puede indicar la dirección correcta, personas distintas pueden llegar a diferentes concepciones sobre el

36. Clarke, 1994, pág. 3.
37. Blatt, 1991, pág. 9.

rumbo que ellas —buscando y errando— quieren tomar. Es verdad que este tema de los posibles conflictos de la pareja apenas ha sido investigado sistemáticamente, pero ya con los materiales disponibles queda suficientemente apuntado que no siempre, en absoluto, la mujer y el hombre son de la misma opinión respecto al diagnóstico prenatal.[38] ¿Y qué pasará si uno de ellos está a favor de la prueba y el otro en contra, o al revés? Podemos imaginar algún ejemplo: si el hombre, vinculado intensamente a la Iglesia, rechaza la prueba porque está, por principio, contra cualquier aborto, mientras que la mujer, con las palabras de su ginecólogo todavía en los oídos, que habla de los riesgos, prefiere hacerla, ya que «a mi edad, y siempre, es mejor prever...», ¿qué hacer, entonces?

Aquí chocan autoridades de diversa índole —enseñanzas religiosas frente a saberes de expertos modernos— y han de ser conciliadas en ese plano de la pareja mostrándose toda la fuerza explosiva de la cuestión también en el hecho de que, por mucho que se tengan en cuenta los argumentos del otro y con toda la consideración de que se pueda hacer gala, al final sólo es factible una respuesta en uno u otro sentido: sí o no, aquí no hay un camino intermedio —una media prueba, un poco de interrupción del embarazo, si el caso lo requiriera—. Es verdad que probablemente la mayoría de las parejas logrará encontrar, en caso de conflicto, un compromiso, el que sea, pero en algunas quedará una serie de irritaciones y malentendidos. En cualquier caso, comprobamos que las opciones de las técnicas modernas,

38. Véase, por ejemplo, Clarke, 1994, pág. 3; Richards, 1996, pág. 264; Wolff y Jung, 1994, pág. 8.

que prometen más autonomía y libertad de decisión, pueden desencadenar una peculiar dinámica en la pareja. La espiral de esos imperativos a tomar una decisión se encaja, en cierto modo, en la familia.

Con técnicas médicas de la cuna a la sepultura

Se equivoca quien opine que eso son casos excepcionales, limitados a la situación peculiar de los futuros padres. Pues con el desciframiento, que progresa a pasos agigantados, del mapa genético del ser humano cada vez se conocen mejor sus predisposiciones biológicas y con ello se convierte en objeto potencial de intervenciones médicas, prescripciones o reglas de conducta. Basándose en el perfil genético de cada individuo puede sacarse una serie de dictámenes sobre a quién y en qué situación le amenazan algunos riesgos específicos y según eso se podrá dar un conjunto de recomendaciones y advertencias, que van desde la alimentación, la profesión o la elección de pareja hasta el destino de las vacaciones, la clase de deporte o los hobbies (en determinados grupos de la población influyen, ya hoy, los resultados de las pruebas genéticas en los criterios de selección de pareja).[39] Dado que, en todas partes, está

39. Por ejemplo, en un grupo del que apenas lo hubiéramos pensado, por su mantenimiento estricto de la forma de vida tradicional, esto es, entre judíos ortodoxos. El trasfondo de la cuestión es el siguiente: ya que entre los judíos askenazis se ha extendido el síndrome Tay-Sachs, una enfermedad hereditaria de graves consecuencias, se recomienda encarecidamente a este grupo que, antes de casarse, se haga una prueba genética. Si se constatara que los dos futuros cónyuges son portadores del

en juego un conjunto de disposiciones genéticas —tanto en las enfermedades cardíacas o metabólicas como en los cánceres, alergias o diabetes—, de una u otra forma todos nos convertimos en portadores de riesgos. Por formularlo de un modo sucinto: «Ya no hay nadie a quien esto no concierna».[40] Y esto es válido, en el fondo, para todos los ámbitos de la moderna tecnología médica. Incluso quien siga estando todavía sano mañana podrá verse confrontado, de repente, con la toma de algunas decisiones en relación con la medicina intensiva o el trasplante de órganos —acaso para su propia persona, acaso para los padres que se están muriendo, el cónyuge gravemente herido en un accidente de tráfico, el hijo lesionado en algún juego—. Coordenadas que antes aparecían como constantes de la vida humana se convierten ahora, gracias a las modernas técnicas médicas, en variables. El resultado de todo ello lo ha recapitulado Giddens en la frase siguiente: *The body is becoming a phenomenon of choices and actions*,[41] «el cuerpo se convierte cada vez más en un campo que es objeto de posibilidades de elección e intervención».

En consecuencia, cada vez se precisan más decisiones conscientes, que enmarcan, en los más diversos niveles, la pregunta: ¿cómo queremos configurar nuestra vida? Y hasta esa pregunta fundamental, que tocan

---

gen Tay-Sachs, crecería considerablemente el riesgo de que la enfermedad se declarara también en sus futuros hijos, razón por la que, en tales casos, se desaconseja de forma apremiante el matrimonio entre las personas afectadas (Merz, 1987; Richards, 1996, pág. 263).

40. Müller-Neumann y Langenbucher 1991, pág. 11.

41. Giddens, 1991, pág. 8.

permanentemente la medicina intensiva y la reproductiva: ¿qué es, en sí, la vida humana, dónde está su comienzo, cómo se ha de definir su final? Lo que antaño estaba fijado como algo «natural» o, si venía al caso, era determinado mediante mandamientos religiosos hoy en día (en que hasta las barreras jurídicas admiten, en relación con las técnicas médicas, variedad de interpretaciones) se convierte, cada vez más, en una tarea del ciudadano maduro. Lo que procede es que él o ella anticipen o planifiquen a tiempo. Por mencionar un par de ejemplos: entre las recomendaciones más difundidas de las técnicas médicas actuales está la de que cada persona determine de antemano, por si acaso, si estaría de acuerdo con un trasplante de órganos, o bien, mediante una declaración firmada, si podrían ser ensayadas, para ella misma, todas las posibilidades de la medicina intensiva. Ya que en el caso de la donación de órganos se aplican diferentes criterios sobre el momento de la muerte, cosa que suscita en los donantes potenciales desconfianzas, hace poco, en una revista científica de biología, se propuso que «cada persona determinara cuándo querría ser considerada muerta»: cuando su corazón ya no palpite o cuando su cerebro esté clínicamente muerto, o bien cuando haya perdido irremisiblemente la conciencia.[42] Cuando causó sensación el caso de una mujer embarazada cuyo cerebro estaba clínicamente muerto mientras el feto seguía desarrollándose en su interior, lo que había desatado una encendida polémica, se propuso, por parte de los juristas, una declaración de intenciones donde la «embarazada, en pleno uso de sus facultades,

42. *Der Spiegel*, nº 10, 1997, pág. 237, citado de la revista especializada *Lancet*.

manifestase, en el caso de muerte cerebral», no si ella deseaba que la mantuvieran viva, sino si quería que reanimasen artificialmente las funciones restantes de su organismo hasta que el feto fuese viable incluso sin ella.[43]

Pero ¿se pueden decidir estas cuestiones ya de antemano? Y si una persona no puede (o no quiere) ¿qué pasa entonces? En un caso extremo, en un caso clínicamente grave, los parientes se ven confrontados con lo que quizá se pudiera llamar una «decisión imposible», decisiones que, en el fondo, nadie puede tomar, de las que nadie puede responsabilizarse —¿pues dónde hay reglas seguras e indudables para juzgar sobre la vida o la muerte de alguien?— y que, sin embargo, deben ser tomadas, en un sentido o en otro. La pregunta que aquí se plantearía inevitablemente sería ésta: ¿qué clase de operaciones y radiaciones, intervenciones invasivas y artilugios de índole técnica, métodos de alimentación y respiración artificiales, en qué cuantía y durante cuánto tiempo deben ser aplicados? Y cada una de estas decisiones aboca a la única alternativa que produce realmente miedo: dejar vivir o dejar morir. Si se busca una descripción ejemplar de todo esto, léase al escritor estadounidense Philip Roth, en su libro *Mi vida como hombre,* donde cuenta los últimos años de la vida de su padre hasta la última hora, cuando se trataba de decidir sobre la vida o la muerte y, por cierto, ya no en un sentido de destino, sino como una decisión que ha de ser tomada conscientemente:

> Cuando llegué [...] al servicio de urgencias del hospital adonde lo habían llevado con la ambulancia desde

43. Heuermann, 1994, pág. 139.

el dormitorio de su casa, me encontré con un médico que estaba de servicio y que se disponía a tomar una serie de «medidas extraordinarias», conectándolo a una máquina respiratoria. Sin ella no habría ninguna esperanza de salvarlo, si bien tampoco la máquina —no hace falta decirlo, continuó diciendo el médico— haría retroceder el progreso del tumor, que, por lo visto, había empezado a afectar a la respiración. El médico también me informó de que, una vez que mi padre fuera conectado a la máquina, ésta, según la ley, tendría que ser mantenida en funcionamiento hasta que él pudiera respirar de nuevo por sí mismo. Había que tomar inmediatamente una decisión y, ciertamente, era yo quien debía hacerlo. Pero yo, que había explicado anteriormente a mi padre los procedimientos de la declaración de consentimiento del paciente y le había animado a firmarla, ahora no sabía qué hacer. ¿Cómo podía yo rechazar esa máquina cuando eso significaba que él no tendría que soportar más esa tortura de lucha por respirar?, ¿cómo podía yo cargar sobre mis espaldas esa decisión que pondría fin a la vida de mi padre, una vida que sólo se nos da una única vez? Lejos de recurrir a su declaración firmada, yo casi estaba a punto de ignorarla y decir: «¡Hagan algo! ¡Lo que sea!».[44]

Tales decisiones contienen siempre, explícita o implícitamente, elementos de eso que Giddens llama *life politics* algo así como «política de los estilos de vida», y para lo que él trae, de forma reiterada, el ejemplo de la genética humana y las técnicas de reproducción. El resultado es claro: «El "final de lo natural" abre muchos campos a la actividad de pensar y gobernar las cosas. [...] Los temas pertenecientes al ámbito de la *life politics* exigen una nueva determinación moral de

44. Roth, 1992, pág. 204 y sig.

la vida».[45] Incluso en lo más llano de la vida cotidiana, en los contextos de acciones con las que se ve confrontado el ciudadano totalmente normal pueden surgir constelaciones dramáticas, y los procesos de decisión y negociación que entonces se requieren son cualquier cosa menos sencillos. Ahí no hay, en muchos casos, una única respuesta, moralmente impecable; cada decisión genera, más bien, un tipo especial de problemas y secuelas, acompañados de riesgos que, con frecuencia, no pueden ser sopesados y una serie de cargas eventualmente inasumibles. Ahí se tiene que compensar unas penas con otras, equilibrar una vida con otra, las estadísticas abstractas y las indicaciones de probabilidad han de ser traducidas en juicios existenciales (dejar que sigan tratando al padre o dejarle morir, ¿qué es lo admisible y para quién?). Entonces la persona se ve inmersa en dilemas apenas resolubles, como escribe Giddens: «La posibilidad de elegir un determinado estilo de vida constituye un progreso que es central en el orden de la sociedad posmoderna, pero también genera una relación de tensión y, por cierto, no únicamente a causa de los impedimentos todavía existentes con que se encuentra la emancipación, sino también porque conduce a multitud de dilemas de índole moral. Nadie debería infravalorar lo difícil que es el trato con ellos».[46]

Podríamos añadir: esos dilemas morales adquieren una fuerza especial cuando —como es del todo habitual en el caso de las modernas técnicas médicas— conciernen a más personas y afectan a sus respectivos intereses y derechos, planes de vida y representaciones de

45. Giddens, 1991, pág. 224.
46. *Ibid.*, pág. 231.

valores. Entonces la persona tiene que sopesar, comprender, compensar, pero la cuestión es si es capaz de hacerlo. No todas las familias viven en armonía, son pacientes y amorosas entre sí, no todos los miembros de la familia se mueven únicamente por motivos nobles. Lo que ya valía para el diagnóstico prenatal vale también aquí, sólo que en mayor grado y de un modo que abarca a más personas. Nos podemos figurar bastantes situaciones en que el hombre frente a la mujer, la madre frente al hijo o los hermanos enfrentados entre sí lleguen a decisiones diferentes respecto a hacer o no uso de las opciones que presentan las modernas técnicas de la medicina. Por nombrar unos cuantos ejemplos: en el caso de la aplicación de la respiración artificial para el padre; a favor o en contra del tratamiento intensivo del hijo nacido con daños muy graves; en pro o en contra del test predictivo para la enfermedad de Huntington que, cuando se hace con uno de los miembros de la familia posiblemente afectados, revela el destino genético de los otros. También hay que pensar que los distintos miembros de la familia acaso sigan distintas informaciones o consejos (que van de los suministrados por la televisión a los de los grupos de autoayuda, de los aportados por el médico o terapeuta hasta los que da el párroco). ¿Qué hacer, pues? Resumiendo lo principal: en torno a la *life politics* pueden desencadenarse también guerras de creencias, que lleguen, por cierto, hasta el ámbito más íntimo de la familia. En este sentido, la nueva falta de sinopsis que es característica del ámbito de lo privado en la actualidad no solamente es constitutiva de una de las nuevas formas de relación, del embrollo relacional entre hombres y mujeres, padres e hijos. Más bien es una falta de sinopsis en relación con las cuestiones de índole moral, en relación con las decisiones con las que nos vemos confrontados y los conflictos que muchas veces conllevan.

3. Acerca de las no planeadas secuelas colaterales del proyecto de planificación

Según lo dicho hasta aquí, el currículo vital se convierte en los tiempos modernos, cada vez más, en un proyecto de planificación. Lo cual significa, en primer lugar, que la época presente es, en el sentido que le da Giddens, la «época de la gente enterada», es decir, que cada vez penetra más en los distintos ámbitos de nuestra vida cotidiana el saber de los expertos —la mayoría de las veces a través de los medios de comunicación y los asesores de la divulgación científica—. De modo que buscar, filtrar y elaborar informaciones se va convirtiendo en un imperativo cotidiano. Quien no pueda ir a ese ritmo (por falta de los requisitos de orden cognitivo o, como en el caso de los extranjeros, de conocimiento suficiente del idioma, o bien por falta de tiempo, a causa de otras exigencias de la vida) hace el papel de pobre diablo, y no pocas veces en un sentido completamente literal. Quien no sepa, hoy en día, calcular, combinar, moverse con destreza en la jungla de tarifas de seguros, tarifas de impuestos, tarifas de transportes públicos y demás, quien no estudie los catálogos, no compare datos, no tenga flexibilidad de cambio entre distintas ofertas, ése paga de más. Pudiendo suponer que aquellos que se defiendan mejor por su cultura, origen familiar y posesión de otros recursos podrán adelantar aún más, mientras que los que de entrada puedan aportar poco más tarde seguirán perdiendo.

Pero se trata de algo más importante que de un mero surfing entre las tarifas de impuestos y los modelos de hipotecas o la capacidad de intervenir rápidamente en caso de una relación óptima calidad-precio. En las actuales circunstancias de progresiva individualización, cada vez es más frecuente que el individuo sea confrontado con la pregunta sobre cómo él puede configurar sus relaciones familiares y prevé asegurarlas, a fin de que en ese campo experimental no sufra, inopinadamente, daños. Esto es también válido, en buena medida, para el ámbito de la salud y la enfermedad, desde el nacimiento o, mejor, desde la procreación hasta la muerte: con el rápido desarrollo de las técnicas médicas, aquello que antaño se llamaba «natural» se descompone ahora en cada vez más opciones. Y esa espiral de decisiones se introduce, como vimos anteriormente, hasta el núcleo más íntimo de la familia. Cuantas más opciones ofrezca la alta tecnología de la medicina —y se podrían encontrar fácilmente ejemplos también en otros campos—, tanto más crecerá la probabilidad de que, dentro de una misma familia, las distintas personas tengan concepciones diferentes sobre cuál es la decisión correcta. Y esto no únicamente en relación con la elección de la clase de cereales del desayuno o la marca del automóvil, sino precisamente en relación con cuestiones de alta sensibilidad moral, incluso cuestiones que son, en sentido literal, de vida o muerte.

Todo esto junto, la suma de las decisiones grandes y pequeñas, que acompañan como un programa duradero la vida diaria, que llevan a un mar de informaciones y generan, en la maraña de las mismas, una nueva perplejidad; y que, con todo, exigen una «optimización», dado que la propia persona ha de producir hoy en día por sí misma su seguridad económica y social; todo esto pertenece a la nervadura subterránea, a lo desasosegado y extenuante de la experiencia fundamental de la modernidad.

El concepto de «planificación», característico de la época presente, es, según eso, no simplemente expresión de una serie de tendencias personales, obsesiones o neurosis. No es un delirio individual, ningún virus que aparezca de súbito y que, por motivos incomprensibles, cada vez afecta a más contemporáneos. Forma parte, más bien, del proyecto total de la modernidad, remite al nuevo carácter de configurable que presenta el curso de la vida, junto con las nuevas posibilidades, controles e imperativos que esto implica. Aquí, como en otros campos también —sea el de la pareja o el de la paternidad, el de la formación cultural, la elección de profesión o el del consumo, etc.—, el obrar cotidiano se ve confrontado por doquier con nuevas exigencias, el horizonte temporal se ensancha y se alarga más. La época actual está cada vez más sujeta a un «imperativo de futuro».

Las opciones que ahí apuntan también tienen, ciertamente, otra cara: la cara opuesta. De la mano de la planificación viene también la trampa de la planificación; con la prevención viene, igualmente, la trampa de la prevención. Si seguimos el hilo de estos pensamientos veremos que, hoy en día, el individuo ya no ha de armarse únicamente para hacer frente a las casualidades y a los accidentes. Más bien tiene que armarse asimismo, según convenga, para afrontar las «secuelas colaterales» que trae consigo el propio acto de armarse, es decir, para evitar que al final él mismo quede enredado en sus propios actos de control, cálculo y aseguramiento. Tiene que prevenir, pero, al mismo tiempo, prevenirse contra la propia prevención: la conducción de la vida en una sociedad individualizada como la actual resulta una empresa con riesgos, un acto de equilibrio sumamente complicado. Para decirlo, una vez más, con Giddens: «Cuanto más tratemos de colonizar el futuro tanto más probable será que éste nos depare algunas sorpresas».[47]

47. Giddens, 1996, pág. 116.

CAPÍTULO IV

Contrato generacional y relación entre sexos[1]

Con el surgimiento, a finales de los años sesenta y comienzos de los setenta, del nuevo movimiento feminista aparecía como un eje central la relación entre los sexos. Lo que hasta entonces transcurría por vías más o menos claramente definidas, en el marco relacional de los respectivos «roles sexuales» y sus expectativas, empezaba a discurrir de otra forma. Los vínculos y relaciones existentes entre hombres y mujeres —y no menos los malentendidos y dependencias que conllevan— ya no suministraban simplemente material para las conversaciones y dramas de carácter privado, sino que se convirtieron en un tema que ponía en movimiento a los medios de comunicación, a la política y a la opinión pública en general. Cuestiones sobre si la desigualdad entre los sexos era algo natural o bien producido

1. Este capítulo es una ampliación del desarrollo y una actualización de reflexiones hechas anteriormente en «Generation und Geschlecht» (Beck-Gernsheim, 1996b).

por la sociedad y políticamente reprobable, de si la igualdad era posible y deseable y, si lo era, cómo se había de conseguir, fueron cuestiones que proporcionaban abundante material para enfrentamientos explosivos.

En los años ochenta no había acabado, en absoluto, la discusión sobre este tema ni quedaban explicadas o resueltas las cuestiones conectadas con el mismo, pero, al mismo tiempo, un nuevo tema empezaba a trascender el horizonte de lo privado. Ahora saltaba a la palestra la cuestión de la relación entre las distintas generaciones. Al fundirse en uno, para la conciencia pública, dos desarrollos diferentes —por un lado, el retroceso de nacimientos y, por otro, la mayor esperanza de vida—, cuando, con ello, comenzaban a delinearse los contornos de una «sociedad que envejecía», sufrieron sacudidas, también en este punto, cosas que antaño se daban por obvias, articulándose un conjunto de nuevas preguntas y temores. Se empezó a discutir sobre la seguridad de las rentas, se luchó larga y encarnizadamente por el aseguramiento de lo asistencial, debatiéndose, especialmente en el ámbito de la salud, sobre las cargas económicas que corresponderían a la sociedad con esos corrimientos en la composición de las distintas edades. La relación entre viejos y jóvenes, su respectiva proporción tanto cuantitativa como cualitativa, se convirtió en objeto de consideración por parte de comisiones políticas, estudios científicos y pronósticos demográficos, haciéndose también centrales las cuestiones de justicia distributiva entre los diversos grupos generacionales de la sociedad: ¿podía el Estado social pagar todavía para cubrir las necesidades y avenirse a las situaciones vitales de esas distintas generaciones? Y en caso de que, como era de temer, los recursos escasearan, ¿qué clase de necesidades y aspiraciones tendrían prioridad, quién tendría que hacer reducciones, la asistencia de quién se haría, con ello, más insegura?

Estos dos temas, el de la relación entre los sexos y el de las generaciones, no han perdido hasta la fecha su carácter candente y se siguen debatiendo en el ámbito de la opinión pública. Pero, al menos hasta hace poco, la discusión se llevaba por separado: por un lado, el colectivo de «hombres y mujeres», por otro, el de «viejos y jóvenes». No obstante, esto es un error, ya que así apenas se pueden entender tanto las causas importantes como las consecuencias. A continuación, desarrollaré una perspectiva que pretende poner de relieve las interacciones que tienen lugar entre ambos temas. Mi pregunta es, sencillamente: ¿qué tienen que ver entre sí la relación intergeneracional y la relación entre sexos? ¿Es una casualidad histórica que ambos se hayan escapado del horizonte de las obviedades, el que ambos traten de agitar las conciencias de la opinión pública? ¿O qué líneas de unión, conexiones o dependencias hay entre los dos?

1. Expectativas tradicionales: las mujeres como «recursos encubiertos» para la relación entre generaciones

Uno de los postulados de la relación entre generaciones es el hecho de que, en el transcurso de la vida humana, se vayan alternando fases de autonomía y fases de dependencia. Ahí tenemos, primeramente, al niño pequeño, necesitado del apoyo de otras personas; luego al adulto sano, que puede organizar él mismo su vida; y, finalmente, al hombre mayor, que vuelve a depender de la ayuda de otros, tal vez sólo ocasionalmente, en pequeñas tareas prácticas de la vida cotidiana, y también en lo referente a una asistencia diaria.

De modo que tanto al principio como al final de la vida el ser humano depende del apoyo de otras personas. Claro que hemos de añadir que «otras personas» no es más que una expresión vaga y general, ya que en lo que con ello se quiere decir no es, en la práctica, indiferente el sexo de esas personas. En nuestra sociedad son sobre todo las mujeres las encargadas de las tareas de apoyo en esa relación intergeneracional, tanto por lo que se refiere al cuidado de los niños como al de los mayores.

El cuidado de los niños es trabajo de mujeres

En las altamente industrializadas sociedades de Occidente la igualdad de derechos se ha convertido en un valor cardinal comúnmente reconocido en la relación entre los sexos. Pero, por lo general, lo que ocurre es que falta aún muchísimo para que esta valoración se traduzca en una realidad social. Y como muestran muchos estudios, es justamente el cuidado de los niños —también en otros países, pero, sobre todo, y con características especiales, en Alemania— una tarea donde se alzan multitud de barreras y obstáculos. Como ejemplo podemos mencionar aquí el resultado de una investigación representativa de Sigrid Metz-Göckel y Ursula Müller. «Cuando se pregunta cómo puede distribuirse lo mejor posible en una familia con hijos [...] el trabajo profesional, el cuidado de la casa y la educación de los hijos, la gran mayoría de los varones alemanes defiende este modelo: la mujer se queda en casa, el hombre trabaja en su profesión [...]. Esto no representa, propiamente, en la opinión de los hombres, ninguna desventaja para las mujeres, sino que las cosas son, objetivamente, así.» Las autoras se refieren a esto con las palabras siguientes: «La cuestión de la mujer ha quedado convertida en la cuestión de los hijos, en un problema personal del cuidado de los hijos. En ningún otro sitio de nuestro estudio nos hemos topado con un bastión masculino tan estable. Los hombres insisten, impertérritos, en el papel irreemplazable de la madre y, con ello [...], en su propia exención de ese trabajo de cuidar a los hijos».[2]

¿El recurso al hijo como un último intento, por parte de los hombres, de salvar sus propios privilegios? Puede parecer así, pero esto sólo es una parte de la historia. Pues como muestran otras investigaciones, la esperanza de que la educación y el cuidado de los hijos sea una tarea principal de la madre forma parte también de la mentalidad de las mujeres.[3] (Resulta evidente que la

2. Metz-Göckel y Mültler, 1985, informe de la pág. 26 y sig. y pág. 81.

3. Claro que en la RDA el ideal normativo de la maternidad presentaba un aspecto netamente distinto. Mientras que en Occidente predominaba la idea de que, al menos en los primeros años de vida, el niño necesita, tanto tiempo como sea posible, el cuidado de la madre, en la RDA no sólo era un modelo de índole sociopolítica, sino también ampliamente aceptado por la población, el que la madre volviera a su trabajo profesional relativamente poco después del nacimiento del hijo. Las instituciones públicas encargadas del cuidado de los hijos no despertaban sospechas ni eran consideradas como perjudiciales para el desarrollo del hijo; al contrario, eran una parte importante en el proyecto de vida de las mujeres, de los hijos y de las familias. Por lo que respecta a este modelo, poco ha cambiado en los nuevos territorios

mayoría de las mujeres celebrarían un reparto del trabajo más abierto y, sobre todo, agradecerían que los hombres participaran más en el trabajo de la casa, no sólo en el tiempo libre y de entretenimiento del programa infantil, sino también en cambiar pañales y limpiar la casa, no limitándose a hacer cometas o visitar piscinas.) En el extenso estudio del Instituto Alemán de la Juventud sobre el tema «¿Hijo? ¿Profesión? ¿O ambas cosas?» se dice, por ejemplo: «Es verdad que las mujeres tienen, hoy en día, una clara orientación profesional, pero esto es algo que ellas sólo pueden vivir en una segunda línea. Lo que frena profesionalmente a las mujeres son los hijos».[4] Los autores y autoras escriben al respecto: «Los resultados del estudio revelan que si bien la actividad profesional se ha convertido en un modelo normal para las mujeres, también es verdad que esa actividad laboral [...] empeora cualitativamente, en opinión tanto de las propias mujeres como de su entorno, el papel de madre de la mujer [...]. Se trata de una trampa ideológica, un "insidioso" doble mensaje, que hace cada vez más inseguras a las mujeres en cualquier fase de su vida».[5]

---

federales alemanes. Hasta ahora, las jóvenes de allí apenas se han dejado afectar por esa imagen de madre desnaturalizada que sigue con su actividad profesional y no se ocupa del hijo. Al contrario, el grupo generacional que estuvo en guarderías, jardines de infancia o asilos escolares desea, las más de las veces, el mismo modelo para sus propios hijos (véase Schröter, 1996; Hildebrandt y Wittmann, 1996). La cuestión es si, efectivamente, este deseo encuentra su realización: después de la unificación alemana, muchas de aquellas instituciones que se ocupaban del cuidado de los niños han cerrado.

4. Erler y otros, 1988a, informe de la pág. 31.

5. Erler y otros, 1988b, pág. 12.

Esto es lo que tenemos que decir sobre las posturas de los hombres y las mujeres, cuyo comportamiento en la vida cotidiana señala también en una dirección similar. Es cierto que entretanto se han hecho estudios sobre hombres que se encargan de la casa y desarrollan, en lo profesional, un trabajo a tiempo parcial,[6] como también informes de todo tipo que aparecen en los medios, donde una nueva clase de hombre presenta como una experiencia excitante la vida con su hijo pequeño.[7] Constituye también un hecho irrefutable el que los hombres de la generación más joven se comprometen mucho más que sus padres y sus abuelos en la educación de los hijos. Pero sigue siendo igualmente cierto que incluso en la generación joven los hombres están mucho menos presentes que las mujeres en el cuidado de los hijos. Cosa que se ve, por ejemplo, en los permisos por paternidad o maternidad: los hombres representan una pequeñísima minoría, con un porcentaje inferior al 2%.[8] O, por ejemplo, en el caso de las familias monoparentales, donde el porcentaje de hombres asciende, es cierto, al 16,5%,[9] si miramos con más detenimiento veremos

6. Véase, por ejemplo, Strümpel y otros, 1988.

7. Por ejemplo, en el *Süddeutsche Zeitung* había una columna semanal titulada «Novedades sobre el hombre de su casa», que posteriormente fueron recogidas en un libro (Makowsky, 1996). También en *Die Zeit* los nuevos padres han hecho accesible al gran público sus experiencias (véase Thomas Hallet, «Erster Tag mit Leonie», *Die Zeit*, nº 31, 28 de julio de 1995, pág. 55, y Reinhard Schlicker, «Daa-da-daa-da-daa!», *Die Zeit,* nº 34, 18 de agosto 1995, pág. 54).

8. Referido al año 1995; cálculo propio tomando como base los informes de la Statistisches Bundesamt de 1997.

9. Referido al año 1995, según la Statistisches Bundesamt, serie 1, 3: «Haushalte und Familien 1995».

también que los padres que se encargan solos del cuidado de sus hijos tienen a su cargo, en comparación con las mujeres que hacen eso mismo, porcentualmente menos hijos y, sobre todo, de más edad, es decir, hijos ya más independientes, que precisan de menos cuidados.[10] Especialmente en el seno de las familias completamente normales la parte principal del trabajo con los niños es realizado por mujeres. Un estudio actual de la Statistisches Bundesamt de Wiesbaden constata al respecto: «Las mujeres casadas que trabajan fuera de casa dedican al cuidado de su prole menor de seis años [...] más del doble del tiempo que los hombres que tienen una actividad profesional, y las mujeres casadas sin trabajo remunerado [...] dedican a ello un tiempo tres veces superior».[11]

En definitiva, el trabajo de educación de los hijos sigue siendo una tarea preferentemente de mujeres, sobre todo de las madres. Y —añadamos aquí— no raras veces también de las abuelas, pues el cuidado de los hijos tiene lugar a menudo en un nudo solidario de tres generaciones: hijo, madre y abuela. Como revelan los resultados de un estudio de la Unión Europea, en la mayoría de los países comunitarios, cuando las mujeres con niños pequeños trabajan, la mayoría de las veces son las abuelas quienes cuidan de los niños.[12] Hoy en día son las abuelas las que ocasionalmente intervienen, ofreciendo su ayuda en caso de que haya lagunas en el

10. Véase Dorbritz, 1993-1994; Schwarz, 1993-1994.

11. Bundesministerium für Familie, Senioren, Frauen und Jugend y Statistisches Bundesamt, 1995.

12. Rerrich, 1993, pág. 331; véase también Bundesministerium für Familie, Senioren, Frauen und Jugend, 1997, pág. 133 y sig., y Vierter Familienbericht, 1996, pág. 84 y sigs.

cuidado de los hijos (por ejemplo, durante las vacaciones escolares o en situaciones críticas, como la enfermedad de la madre).[13]

Atender a los mayores es trabajo de mujeres

Comencemos con una breve mirada a la sociedad preindustrial. No cabe duda de que los distintos grupos generacionales vivían entonces más juntos que ahora. Pero también es indiscutible que, en una mirada retrospectiva, ese pasado se ve transfigurado frecuentemente por la nostalgia. Se pinta con ello un cuadro idílico, a lo Spitzweg,* con la abuela junto a la rueca, el abuelo en su poltrona y, alrededor, un grupo de niños alegres y regocijados, y todo lleno del aroma de la compota de manzana. No obstante, esa leyenda de un pasado sano engaña, en este como también en otros puntos. En realidad, la familia de la época preindustrial era, sobre todo, una comunidad forzada por la necesidad y los imperativos, a la que el mucho trabajo y la amenaza de los golpes del destino (temporales, pillaje, hambrunas) mantenía unida. Por razones de supervivencia, estaban en primer plano los intereses materiales del hogar y de la aldea, y no la libertad del individuo. Dominaban entonces tales circunstancias que quedaba poco lugar para actitudes de consideración, manifestaciones de ternura o comprensión. Y ese mantenerse todos unidos, alabado poste-

13. Vierter Familienbericht, 1986, pág. 85 y sigs.; Rerrich, 1993, pág. 328 y sigs.

* Pintor alemán del siglo XIX, típico representante del estilo Biedermeier. (*N. del t.*)

riormente como un amor hacia los próximos, surgía, antes que nada, de saberse mutuamente dependientes.[14]

Desde entonces las formas en que transcurre el trabajo y la vida han cambiado de raíz. Con la industrialización empezó el florecimiento de la familia burguesa, creada según el ideal de una comunidad de sentimientos. Tampoco esta forma de familia es, como ya sabemos hace mucho, un lugar donde reine el puro amor y la armonía, sino que genera sus propias fricciones, irritaciones y conflictos. Pero, al mismo tiempo, y pese a sus defectos, es también un lugar de apoyo recíproco, cosa que se experimenta en una medida no desdeñable en la relación entre las distintas generaciones. Seguro que hay personas mayores abandonadas por la familia, apartadas en una institución y de las que nadie se ocupa. Es indudable que, en nuestra sociedad, mucha gente mayor vive lo que es la soledad y el aislamiento, y también las carencias en el trato y cuidado cotidianos. Pero, con todo, para muchos la familia es un apoyo importante, acaso el más importante. Como muestran una serie de investigaciones empíricas, el apoyo emocional y cotidiano que reciben las personas mayores —y, dado el caso, incluso su cuidado y asistencia— sigue siendo prestado preferentemente por la familia. Si bien lo que se esconde tras ese concepto general de «familia» es una clara repartición por sexos que le es específica, pues, para ser precisos, tendríamos que decir: son sobre todo las esposas, hijas y nueras quienes se encargan de los cuidados de la generación más vieja.[15] E incluso allí donde intervienen

14. Borscheid, 1988.

15. Vierter Familienbericht, 1986, pág. 154 y sigs.; Fünfter Familienbericht, 1994, pág. 191 y sigs.

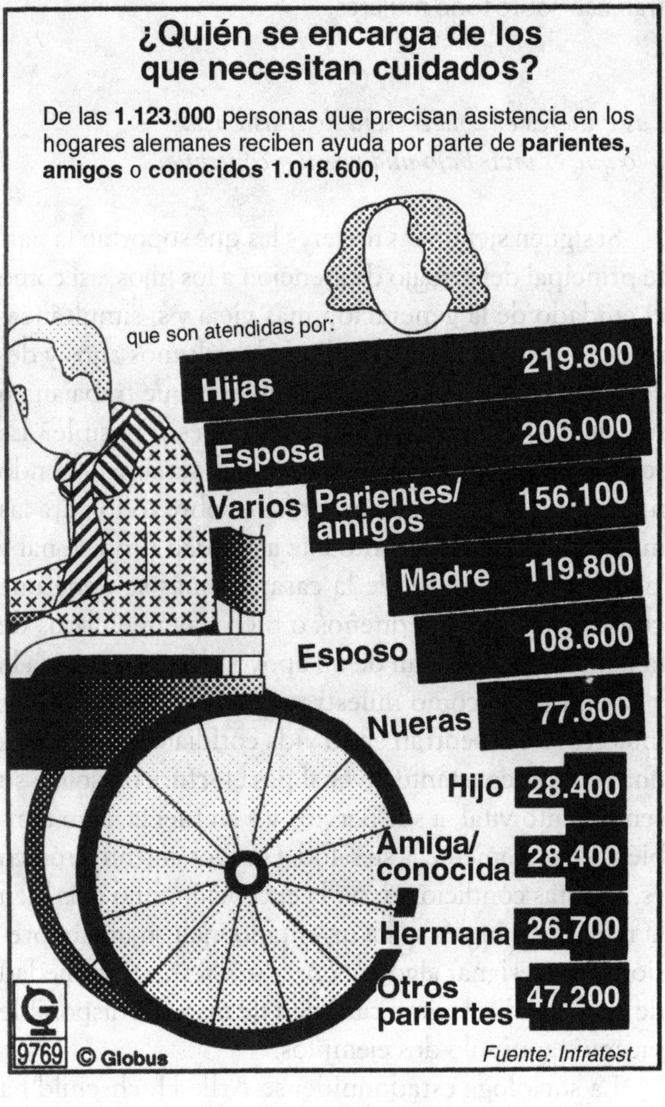
¿Quién se encarga de los que necesitan cuidados?
De las 1.123.000 personas que precisan asistencia en los hogares alemanes reciben ayuda por parte de parientes, amigos o conocidos 1.018.600,
que son atendidas por:
Hijas 219.800
Esposa 206.000
Varios Parientes/amigos 156.100
Madre 119.800
Esposo 108.600
Nueras 77.600
Hijo 28.400
Amiga/conocida 28.400
Hermana 26.700
Otros parientes 47.200
9769 © Globus
Fuente: Infratest

ayudantes sociales profesionales, la mayoría pertenecen al sexo femenino, pues en las profesiones asistenciales trabajan sobre todo mujeres.

Las mujeres en una carrera de resistencia o lo que es vivir bajo una presión continua

Si siguen siendo las mujeres las que soportan la parte principal del trabajo de atención a los hijos, así como el cuidado de la generación más vieja y si simultáneamente —éste es el desarrollo de los últimos años y decenios— cada vez son más las mujeres que trabajan en una actividad profesional, ¿cómo es esto posible? La respuesta, expresada con rotundidad, sería: asumiendo más cargas, y esto tiene un precio, sobre todo para las mujeres. Allí donde, junto a la actividad profesional y las labores generales de la casa, además se tiene que cuidar a los hijos pequeños o bien hay miembros de la familia que precisan de un apoyo, o las dos cosas a la vez, entonces, como muestran todos los estudios, las mujeres se encuentran en su vida cotidiana sometidas a una presión constante, lo cual pasa factura no sólo a su sentimiento vital, a sus nervios y a su fuerza, sino también, y masivamente, a su salud. Un agotamiento crónico es, en estas condiciones, no la excepción, sino más bien la regla, y en inglés se ha inventado incluso una expresión para designar algo así: *hurry sickness*, «enfermedad de la prisa». De la gran cantidad de material disponible sacamos aquí sólo dos ejemplos.

La socióloga estadounidense Arlie Hochschild ha escrito un libro sobre la situación en que ambos cónyuges desarrollan una actividad profesional, refiriéndose de una forma especial a las madres, con el significativo título «El día de 48 horas». En él compara las cargas que soportan hombres y mujeres, mostrando a partir de datos contrastados que incluso cuando los hombres «ayudan» siempre son las mujeres las que experimentan, en comparación con ellos, un fuerte «descenso de su tiempo libre».[16] Por eso son sobre todo mujeres las que en las entrevistas dan cuenta de lo agotadas, enfermas y emocionalmente *destrozadas* que están, y las que dan más vueltas en torno a un tema como el sueño (cuántas horas necesitan ellas, cuántas sus amigas, por qué nunca tienen bastante). Hochschild comenta lapidariamente: «Estas mujeres hablan de dormir como los hambrientos de la comida».[17] Y no por casualidad el libro comienza con un capítulo que lleva el epígrafe: «Más agitación en la vida familiar». En él puede leerse que si las familias donde los dos padres tienen una actividad profesional sufren cada vez más ese estado de agitación, «las madres trabajadoras son las que más lo sufren. Visto así, no carece de cierta ironía el hecho de que, en la familia, sea precisamente a las mujeres a quienes les toca el papel de "impulsoras del estado de agitación". Como he constatado en mis visitas a las familias, eran con frecuencia las madres las que urgían a sus hijos: "¡Date prisa!", "¡Tenemos que correr!", "¡Termina la sopa!", "¡Se nos hace tarde!" [...]. Con frecuencia, los hijos más pequeños se dan prisa [...], mientras que los mayores [...] se toman su tiempo y rezongan: "¡Mamá no nos deja descansar!". No tienen bastante las mujeres con hacer de pararrayos de las agresiones que

16. Hochschild y Machung, 1990, pág. 26.
17. *Ibid.*, pág. 33.

surgen del creciente estrés de la profesión y la familia, sino que, además, se convierten también en chivos expiatorios de un proceso donde son ellas mismas las que más sufren».[18]

En una dirección similar apuntan las reflexiones de la renombrada periodista estadounidense Ellen Goodman, sólo que ésta va más allá. No se limita a constatar, sino que, además, cuestiona y trata de provocar. Varios de sus artículos tratan de las mujeres que vienen del *baby boom* de los años cincuenta y que hoy tienen una actividad profesional, hijos en edad de crecimiento, padres necesitados de cuidados y, entre tantas cosas, tratan de sobrevivir ellas mismas. ¿Pero cómo? Goodman empieza con su propia experiencia. Cuando su madre quiso mudarse, por razones de edad, a una vivienda más pequeña, ella la acompañó para ayudarla en la tarea de seleccionar y desechar de entre el cúmulo de objetos que guardaba. Estando ella, como siempre, con prisas, hace todo con la mayor rapidez y eficiencia de que es capaz. Pero poco a poco empieza a escuchar a su madre contarle, a propósito de cada objeto de la casa, su historia, qué recuerdos le traen, con qué sentimientos los asocia. Únicamente entonces comienza a percatarse de que su intervención de experta, tantas veces practicada y, ay, tan eficiente, es en este caso un fracaso: «Cuando finalmente me di cuenta de ello, cambié la marcha. Y tomé conciencia, al hacerlo, de que pasamos por momentos importantes de la vida como una exhalación, sin ni siquiera percibirlos. La madre de una de mis amigas me suele decir, con un tono irónico y afable, que toda nuestra generación debería llevar en sus

18. *Ibid.*

camisetas la inscripción: "Tengo prisa". Siempre vamos apresurados. Visitamos a alguien al pasar por allí. Se nos llama la "generación sándwich" porque muchas de nosotras estamos aprisionadas entre los padres y los hijos, la profesión y la casa. Pero acaso se nos llama así también por la clase de comidas que podemos permitirnos al ir siempre corriendo. No son únicamente las exigencias de la vida diaria las que realizamos en una verdadera carrera de resistencia. No sólo limpiar, comprar, viajar sin parar de un sitio para otro. También nuestros sentimientos los regulamos en un tiempo récord. Pasamos a toda velocidad y abreviando por las experiencias de la vida [...]. Esto me recuerda una canción de Carly Simons sobre nuestra época: *Make love in the microwave. Think of all the time you save!*».[19] Vamos apresuradas por la vida, «como si saltáramos de un canal televisivo a otro. Trabajo, clic, hijos, clic, padres, clic, compras, clic... ¿Qué ocurre si la vida se convierte en una lista? ¿Si hasta a las cosas hermosas que tenemos debemos cortarles las alas?».[20]

Hochschild y Goodman escriben sobre mujeres que están en fases vitales y familiares diferentes, pero las imágenes que describen son parecidas. Lo que predomina en la forma de sentir la vida por parte de las mujeres, al menos en las fases familiares de trabajo intensivo, son esas breves órdenes del tipo: «¡Rápido, rápido!», «¡Listos, vamos!», «¡Ya vuelvo, ahora tengo que irme!».

19. Ellen Goodman, «A perpetual rush hour for baby boomers», *International Herald Tribune*, 14 de septiembre de 1995, pág. 11.

20. Ellen Goodman, «How time and the lilacs go by so very quickly», *International Herald Tribune*, 25 de junio de 1996, pág. 9.

2. Los tiempos cambian: las mujeres como «recursos escasos» en la relación intergeneracional

Hasta ahora, como hemos visto, son sobre todo las mujeres las que cuidan tanto de los niños como de los mayores, desempeñando de este modo en la vida cotidiana una función que da cohesión a la relación entre las distintas generaciones. Pero lo que hasta la fecha ha sido así, ¿lo seguirá siendo también mañana? ¿Es de esperar que las mujeres sigan desempeñando esta labor en el futuro o bien adoptarán otros modelos de vida?

El riesgo existencial de tener hijos

Si el cuidado de los hijos era antaño una tarea relativamente sencilla, llevada a cabo en la vida diaria de la mayor parte de los grupos de la población sin grandes despliegues pedagógicos, cuanto más nos acercamos a la época presente la labor educativa se ve confrontada con cada vez mayores reivindicaciones y exigencias: en las condiciones de la sociedad moderna, con toda su movilidad social, la «óptima estimulación» de la prole se convierte en un deber —ése es el tenor de los innumerables libros de asesoramiento, de las revistas, de las ofertas de cursos para padres—. Pero, al mismo tiempo, la hiperindustrializada sociedad moderna revela, en muchos campos, su «animadversión estructural hacia los hijos»,[21] es decir, que sus supuestos no casan con las necesidades, el apremio de moverse, el ritmo temporal

21. Kaufmann, 1995, pág. 169 y sigs.

de los hijos en edad de crecimiento (piénsese, por ejemplo, en la forma de construir las viviendas, el tráfico de las calles, las sustancias tóxicas presentes en el aire o en los alimentos). Así que tenemos, por un lado, esa demanda de que la educación sea lo mejor posible y, por otro, la animadversión estructural hacia la infancia; en esta contradicción han de moverse continuamente quienes sean responsables de los niños, viéndose obligados a buscar toda suerte de compensaciones y a hacer equilibrios, a ponerse al habla con muchas instancias, a mediar entre distintos frentes y a evitar, una y otra vez, lo peor. En estas circunstancias (que no dejan, literalmente, de reproducirse sin parar) se desarrolla el trabajo con niños, que cada vez se extiende más y se convierte en todo un complejo de actuaciones contra resistencias de la más variada índole.[22]

Sólo queda preguntar quién se va a encargar de esas tareas. Hasta ahora, como hemos señalado, han sido sobre todo las mujeres. Pero en los últimos decenios han tenido lugar algunas transformaciones en el ámbito cultural, en el profesional, en el ciclo familiar, en el sistema legal, etc., que han puesto en marcha un cambio profundo en lo que constituía una biografía femenina corriente. En consecuencia, cada vez hay más mujeres liberadas, al menos parcialmente, de esas ataduras familiares, cada vez son menos las que pueden esperar que el hombre las mantenga, cada vez hay más que son remitidas —si bien, con frecuencia, de una forma contradictoria— a su propia independencia y capacidad de autoabastecimiento. En otras palabras: viven lo que es reivindicar y verse obligadas a contar con su «propia

22. Beck-Gernsheim, 1989, pág. 111 y sigs.

vida». Pero esto deja menos espacio libre (tiempo, nervios, energía) a una «existencia para otros», ni siquiera en relación con las exigencias cada vez más extensas que requiere el trabajo con los hijos.

Lo cual no quiere decir, como cree un malentendido bastante generalizado, que el deseo de tener hijos se haya convertido para las mujeres en algo carente de importancia, al no quedarles otra meta en la vida que su propia emancipación. Al contrario, en las condiciones que presenta una sociedad individualizada como la actual (de reparto del trabajo, organizada de una forma más anónima, con una nueva movilidad geográfica y social), el deseo de tener hijos puede incluso fortalecerse y adquirir un nuevo significado: de búsqueda de sentido, de confirmación, de anclaje, etc.[23] Claro que las mujeres se ven abocadas, cada vez más, a una situación sin salida si siguen siendo insuficientes las ofertas institucionales para conciliar la profesión y la familia y si la ayuda de los hombres en el cuidado de los hijos continúa siendo muy limitada. Y de ello resulta —he aquí una constelación históricamente nueva— que muchas mujeres que desean tener hijos deben contar, en caso de realizar ese deseo, con costes considerables para su propia vida. El precio es cuantioso: limitación en su actividad profesional, sobrecarga en la vida cotidiana, poco tiempo libre, inseguridad económica en la vejez, peligro de empobrecimiento en caso de divorcio. Podemos ilustrar esta situación dilemática con una serie de resultados empíricos constatados en Alemania.

Si se pregunta a mujeres jóvenes por sus ideas y planes de vida, la mayor parte sigue diciendo que en ellos

23. Beck-Gernsheim, 1997a.

entra el tener hijos.[24] Pero, como demuestran las estadísticas demográficas, la realización de este deseo cada vez se aplaza más. Es frecuente que su alcance quede también reducido: mujeres que querían dos o tres hijos tienen, al final, sólo uno. Y no pocas primero aplazan la realización de su deseo y luego la suprimen del todo: en los últimos años crece claramente el número de mujeres que siguen sin hijos durante toda la vida.[25]

NÚMERO DE HIJOS DE LAS MUJERES ALEMANAS, CLASIFICADAS SEGÚN EL AÑO DE NACIMIENTO

Años de nacimiento	Antiguos territorios federales	Nuevos territorios federales
1931-1935	220	218
1936-1940	206	204
1941-1945	180	190
1946-1950	159	183
1953-1957	155	183

Fuente: BiB-Mitteilungen, nº 1, 25 de marzo de 1994, pág. 42.

Llama especialmente la atención la situación en los nuevos territorios federales de Alemania, donde en los primeros años después de la unificación el número de nacimientos descendió de forma drástica.[26] Las mujeres advirtieron —al desaparecer muchas de las medidas sociopolíticas existentes para conciliar la profesión con la familia— que la maternidad disminuye claramente las posibilidades en el mercado de trabajo y que las madres solteras caen en una posición marginal y cada vez más

24. Schwarz, 1994; Pohl, 1995.
25. Engstler, 1997, pág. 91.
26. Para lo que sigue véase Beck-Gernsheim, 1997b.

segregada. Para ellas hacía agua, por primera vez, lo que hasta entonces parecía lo más natural, esto es, conciliar el hecho de tener hijos con otros fines de la vida, conciliar, sobre todo, la maternidad con una actividad lucrativa en un mismo proyecto de vida. Tal como muestran estudios actuales, en la mayoría de las mujeres más jóvenes de Alemania Oriental persiste el deseo de tener hijos, pero —y eso es lo nuevo— se dan cuenta de que en este asunto han de proceder con prudencia, con acercamientos, por así decirlo, paulatinos. Recapitulando lo esencial, podríamos decir que en una especie de experimento de índole histórico-social, se le inculca a la gente que aquel deseo tan natural de tener hijos ahora se ha convertido, de repente, en la «cuestión de los hijos», como tema que precisa de una consideración plenamente consciente, y que ha de ser planificado y sopesado individualmente.

Pero ¿no están, según dijimos antes, las abuelas como una «reserva tranquila» para el cuidado de los niños? Sí, es cierto, estaban las abuelas. Sin embargo, es cuestionable que esto siga funcionando en el futuro. Un estudio empírico actual encuentra ejemplos, ya hoy en día, de la «negativa, al menos parcial, de las abuelas a realizar ese trabajo»,[27] es decir, si bien a éstas les gusta cuidar a sus nietos, sólo quieren hacerlo durante un tiempo exactamente delimitado, ya no quieren ser una reserva flexible y siempre dispuesta a hacerlo. Las transformaciones que han tenido lugar en lo que era la biografía normal de las mujeres no sólo hace surgir un nuevo tipo de mujeres madres, sino incluso «nuevas abuelas». Muchas de las mujeres que ahora están en la

27. Rerrich, 1993, pág. 331.

cincuentena (y con más razón las que cumplan esta edad en los próximos decenios) han experimentado —o, al menos, ya tienen una idea de ello— lo que es el «virus» de esperar tener su propia vida privada. Se han marcado sus propios fines, que trascienden el estricto ámbito familiar: ejercer una actividad profesional o desempeñar tareas sin afán de lucro, o bien —¡al fin!— dedicarse a desarrollar sus propios intereses. ¿Y van a sacrificar todo esto para hacer de niñeras y abuelitas sometidas totalmente al servicio de la otra generación? También en este punto es la disponibilidad femenina menor que antes o, en palabras del estudio que acabamos de citar: «Recurrir en cualquier momento a abuelas bien dispuestas [...] probablemente será en el futuro un recurso cada vez más escaso».[28] Y un estudio pedagógico constata, en este mismo contexto, que la situación de las madres trabajadoras es todavía hoy relativamente poco complicada porque la mayoría de las mujeres en edad de ser abuelas son amas de casa. Pero seguro que esto experimentará pronto un cambio, al crecer también la actividad profesional de las mujeres mayores, y ésta sería la conclusión: para la próxima generación femenina no será más sencillo conciliar su profesión y el cuidado de los hijos; al contrario, los problemas se incrementarán aún más, se «agudizarán de forma radical».[29]

28. *Ibid.*
29. Liebau, 1996, pág. 21.

¿Quién presta asistencia en la vejez?

En los últimos decenios ha crecido claramente la esperanza de vida de la población. Dado que esta subida afecta sobre todo a los grupos de más edad, esto significa que ya hoy en día, y en el futuro todavía más, está en constante crecimiento el número de las personas que llegan a una edad avanzada y muy avanzada. Va a haber más personas octogenarias, más personas nonagenarias.

En los medios y en la propaganda domina la imagen de los «ancianos jóvenes», robustos y bien entrenados, dinámicos y activos, que hoy toman parte en la gimnasia de la tercera edad y mañana quizá viajen a Mallorca. Esta imagen no es totalmente falsa, pero tampoco es del todo verdadera, pues silencia y deja de lado la otra cara de la edad, la situación de los «ancianos». Puesto que en los grupos de mayor edad aumentan claramente las enfermedades crónicas y degenerativas, el tiempo de vida que se ha ganado viene asociado, para muchos, con

DESARROLLO DEL NÚMERO DE PERSONAS OCTOGENARIAS Y DE MÁS EDAD EN ALEMANIA (OCCIDENTAL Y ORIENTAL)

Año	Número de personas
1950	695.400
1960	1.158.800
1975	1.734.800
1995	3.238.000 (cálculo previsto)
2015	3.948.000 (cálculo previsto)
2030	4.347.000 (cálculo previsto)

Fuente: Cálculo propio según el informe *Die Alten der Zukunft*, del Bundesinstitut für Bevölkerungsforschung, 1993, apéndice, tabla 12b y tabla 16.

DESARROLLO DEL NÚMERO DE PERSONAS NONAGENARIAS Y DE MÁS EDAD EN ALEMANIA

Alemania Occidental	
Año	Número de personas
1950	20.000
1960	40.000
1980	133.000
Alemania Occidental y Oriental	
1993	339.000
2020	458.000 (cálculo previsto)

Fuente: BiB-Mitteilungen (informes del Bundesinstitut für Bevölkerungsforschung), nº 1, 1995, pág. 7.

perjuicios en la salud. Justamente esos años de vida ganados en una edad avanzada son, en una parte considerable, años en los que ya no es posible seguir llevando un modo de vida autónomo y lo que queda de recursos corporales, espirituales y sociales ha de ser empleado, sobre todo, en la tarea de la pura supervivencia. Las consecuencias están a la vista: con el ascenso de la esperanza de vida va a incrementarse rápidamente el número de personas cuyas fuerzas ya no alcanzan para cuidar de sí mismas, dependiendo, por tanto, de todo un abanico de prestaciones de apoyo e incluso, en algunos casos, de una asistencia sanitaria completa.

La cuestión es la siguiente: ¿quién va a desempeñar esa labor de apoyo y de asistencia sanitaria? Tenemos que recelar de que las hijas y nueras de generaciones futuras puedan y quieran hacerlo.[30] Muy probablemente

30. Informe provisional de la Enquete-Kommission Demographischer Wandel, 1994, pág. 158; Rosenkranz, 1996.

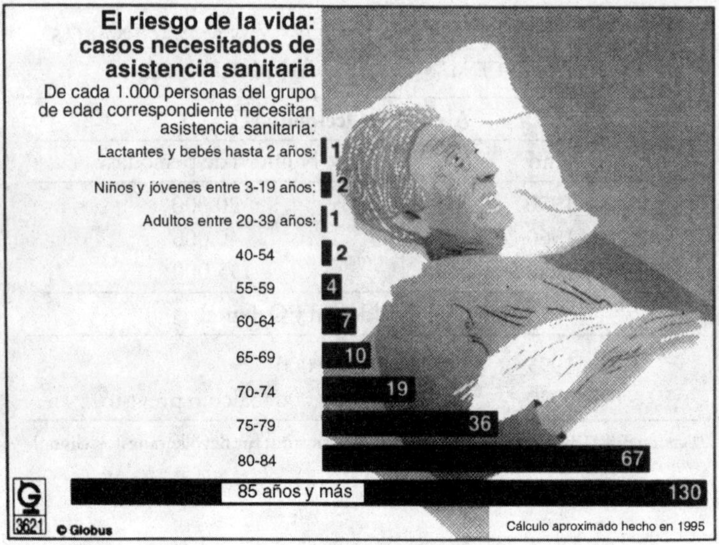

surgirá una constelación en donde las mujeres se seguirán sintiendo responsables del bienestar de los padres o suegros, dándoles un apoyo emocional, ayudándoles incluso ocasionalmente en las tareas de la vida cotidiana. Pero que, en cambio, ante esa aspiración y esa necesidad de llevar su «propia vida», podrán asumir en menor grado —y acaso también lo querrán hacer menos que antes— una ayuda diaria y una serie de cuidados que les roba su tiempo.

A esto se añade la fragilidad del modelo tradicional de lo que se llamaba una familia normal. Hasta la fecha, el apoyo y la asistencia de las personas mayores procedían especialmente, como dijimos, de la propia familia. Los parientes incluso desempeñan un papel importante en el tratamiento de la enfermedad, y hasta en el tratamiento de una enfermedad crónica.[31] Y esto vale, sobre

31. Badura, 1981.

todo, para el enfrentamiento con las enfermedades de la edad: «Lo decisivo para la configuración futura de la vida, en el caso de que aparezca un deterioro de la salud, no es la edad, sino, en definitiva, la presencia o la ausencia de miembros de la familia en la casa [...] o en las inmediaciones de la misma».[32] Si ahora, junto al modelo tradicional de la familia, surgen, de un modo creciente, otras formas de vida y van ganando en difusión, si se incrementa el número de la gente sola, de los que no tienen hijos, de los separados, de los compañeros o compañeras de sólo un período de la vida, es evidente que entonces es forzoso plantear la cuestión de qué aspecto tendrá para esas personas la asistencia en la ancianidad. Las formas alternativas de vida pueden ofrecer en muchos sentidos ventajas, liberando del corsé que oprimía a la antigua familia, creando nuevos espacios de libertad y de posibilidades de elección y estas razones no son las menos importantes por las que son elegidas esas nuevas formas de vida de un modo plenamente consciente (al menos por algunos). Pero hasta el momento sigue sin aclararse qué configuración tendrán con la edad, dentro de tres o cuatro decenios, tales constelaciones. Podemos aventurar algunas hipótesis:

Multitud de relaciones habrán quedado muy atrás, como algo perteneciente al pasado; el compañero o la compañera sentimental de un período de la vida, por ejemplo, difícilmente será por definición el compañero de la ancianidad. Otras formas de relación puede que se revelen como poco prácticas y viables en una edad avanzada. Para parejas, por ejemplo, que viven en viviendas

32. Kytir y Münz, 1991.

separadas, y acaso incluso en localidades diferentes, surgirán problemas tan pronto como se les haga más fatigoso el salir de casa y quede limitado su radio de movilidad. Para parejas sin hijos el gran corte vendrá cuando una de las personas muera y la que sobreviva (por lo general, la mujer) se quede sola. Y, luego, las familias que viven separadas a consecuencia del divorcio: en los casos en que se haya roto por completo el contacto con el padre, o bien con los abuelos paternos, apenas cabe esperar ayuda alguna en la vejez. Pues las personas de las que se trata, que luego estarán débiles, achacosas, acaso psíquicamente alienadas, por mucho que estén unidas por la sangre con los hijos o los nietos, por lo demás se sentirán completamente extrañas ante ellos. Falta el vínculo emocional, que podría hacer surgir una actitud solidaria.

Quizás entonces, según dicen algunos, serán los lazos de amistad los que proporcionarán apoyo y seguridad, la asistencia necesaria en la vejez, acaso hasta sean los que constituyan la familia del futuro. Puede que esto, en circunstancias favorables, sea posible. Sin embargo, si comparamos el sistema de reglas sobre las que se construyen las amistades con las propias de la familia tradicional, la respuesta será más cauta. Mientras que las familias se basan en el origen común, las amistades se fundamentan en la inclinación y elección personal. No todo lo que mantiene unido en la familia tradicional se deriva, en absoluto, del amor, sino con frecuencia del sentido del deber, el peso de la conciencia, los imperativos morales, las expectativas sociales, mientras que las amistades, en cambio, han de mantenerse sin obligación ni presiones externas, son libres y voluntarias, razón por la cual constituyen (al menos potencialmente) un vínculo menos consistente con el paso del tiempo. Lo que le confiere su fuerza es también su debilidad. En cualquier caso, dado que las amistades representan la forma más abierta de vinculación, tenemos que hacer más cosas para mantenerlas. Hay que guardarlas y mimarlas o, de lo contrario, se van desvaneciendo y, un día, se rompen del todo.

A ello hay que añadir, asimismo, una especie de frontera, de índole física y biológica, en el potencial de las prestaciones hechas por amistad en edad avanzada. Basta compararlo, una vez más, con la familia tradicional, compuesta de varias generaciones, con personas de diferente edad. En cambio, los amigos, hechos en la escuela, el trabajo o el tiempo libre, son la mayoría de las veces de una edad semejante, cosa que significa que cuando un amigo necesita ayuda y cuidados de tipo sanitario, con frecuencia también el otro tiene sus propios achaques, estando, en cualquier caso, apenas en condiciones de prestar apoyo al otro —que vive en otra parte de la ciudad o hasta en otra ciudad— si no es ocasionalmente. Sus fuerzas, sencillamente, difícilmente alcanzarán para la ayuda continuada y, quizá, la asistencia fija que necesita el otro.[33]

Si se establecen comparaciones así bajo el punto de vista de la asistencia prestada a la gente mayor en una red de amigos o en el seno de una familia tradicional, el resultado obtenido es una imagen con múltiples facetas. Es, seguramente, demasiado unilateral ver únicamente las manifestaciones decadentes de las instituciones y formas familiares tradicionales y no, en cambio, el arranque de nuevas redes de amistad que se van configurando hoy en día en muchos grupos. Pero, al mismo

33. Hradil, 1995, pág. 154.

tiempo, también hay que saber cuáles son los límites de tales redes de amistad, en qué supuestos de actividad y contribución propia se basan, y quién probablemente no será capaz de seguir adelante en tales condiciones. Más allá de toda dramatización o desdramatización, podremos entonces constatar —como hace un estudio sobre las relaciones de ayuda entre personas ancianas— que «el individuo debe construir, cada vez más, él mismo su integración social y su propia red de seguridad para eventuales casos de necesidad». Una red de seguridad así tiene agujeros, porque en ella «una buena parte de las personas menos activas y con menor competencia social [...] queda por el camino».[34]

Cuanto más aumenta la necesidad de cuidados más incierto es a quién incumbe encargarse de ellos

De las consideraciones hechas hasta ahora resulta un diagnóstico que podría formularse así: en lo referente a los cuidados de la gente mayor, crece drásticamente, por un lado, el número de personas que los necesitan, pero, por otro lado, cada vez son menos las personas a quienes incumbe obviamente (es decir, en conciencia, por obligación, según las expectativas sociales) esa función de cuidadores. Cada vez es más desigual la relación entre la «necesidad» y el «personal disponible».[35] Si comparamos el resultado con el de los cuidados pres-

34. Diewald, 1993, pág. 751 y sig.

35. Respecto a los cálculos de la necesidad de cuidados por razones de edad que se van generando, véase Hradil, 1995, pág. 153; Rosenkranz, 1996, pág. 214 y sigs.

tados a los niños veremos que presentan similitudes. En los dos ámbitos, nos dice el resultado, hay que contar con «lagunas» masivas. Léase, si no, el último informe del Gobierno federal sobre la situación familiar:

> Las tareas de apoyo y asistencia de las personas mayores y que incumben a las familias serán, en el futuro, todavía más graves y difíciles de lo que son actualmente. Los mismos desarrollos de índole social que caracterizan la situación actual en el cuidado de los niños se plasman también en el cuidado de la gente mayor: se seguirá reduciendo el círculo de los familiares próximos de los que, en principio, se podría esperar que diesen apoyo o asistencia a alguno de sus parientes mayores. Añádase a esto que la movilidad espacial y la distancia que separa a los distintos miembros de la familia crecerá [...]. Es decir, [...] cada vez habrá menos personas inmersas en una relación familiarmente vinculante que se responsabilicen de la asistencia de las personas mayores que necesitan una ayuda diaria que, en determinadas circunstancias, les es esencial.[36]

Precisamente ahora, con la mirada puesta en el quebrantamiento de la familia tradicional, se recurre con gusto a las posibilidades que abren los servicios de índole profesional. Pero como revela una consideración más precisa del asunto, también este modelo de solución topa pronto con límites. Esto tiene que ver en buena medida con las consecuencias de un desarrollo que ya hemos mencionado anteriormente: las mujeres que trabajan en profesiones de asistencia sanitaria (y se trata, sobre todo, de mujeres) han experimentado, a su vez, la

36. Fünfter Familienbericht, 1994, pág. 193.

transformación operada en lo que se consideraba una biografía femenina normal. Como prueban los estudios correspondientes, éstas —en vez de seguir el viejo ideal de la autoentrega sacrificada— quieren ahora, y cada vez más, hacer su propia vida, tener su tiempo libre, su propia familia, pero también quieren una labor profesional como las otras personas, con horarios fijos, tiempos de asueto y vacaciones.[37] La comprensión de sí mismas ya no pasa por dedicarse a servir pacientemente; más bien, por su actividad profesional, esperan tener un ámbito propio y cualificado de actuación, vinculado a posibilidades de una mayor formación y promoción, acompañada de sus correspondientes ingresos.[38] Con el cambio de la biografía normal de las mujeres apunta asimismo un cambio estructural en las profesiones asistenciales, cosa que vemos ya hoy en día y que mañana veremos todavía más. Lo que Ilona Ostner escribe en otro contexto nos sirve también aquí: el potencial de trabajo típicamente femenino se va convirtiendo, «desde un punto de vista empírico, en un recurso escaso».[39] Ése también es el resultado del estudio anteriormente mencionado:

> La solución de los problemas vinculados con las personas necesitadas de asistencia y ayuda se dejaba, hasta ahora, en manos de la moral de trabajo de las mujeres que cuidan a los miembros de su familia o ejercen la asistencia sanitaria como profesión. Mientras el modelo tradicional de integración orientado hacia el deber y la

37. Dunkel, 1993.
38. Rabe-Kleberg, 1993.
39. Ostner, 1992, pág. 120.

> autonegación siguió siendo una directriz para la actividad de la mujer [...] pudo funcionar esa forma de organización social de la asistencia a otras personas [...]. Pero ahora las circunstancias sociales han cambiado y continúan cambiando [...]; las jóvenes generaciones de mujeres no se someten, sin más, a aquellas tareas orientadas según los imperativos del deber y la autonegación [...]. Con ello, se hacen patentes los límites de una solución de los problemas asistenciales que dé por supuesto, como si fuese lo más natural, tanto en la esfera profesional como la privada, que la forma de ser femenina es ser-para-otros.[40]

Cambio demográfico, transformaciones en la biografía normal de las mujeres, quiebra de la familia tradicional: he aquí una serie de palabras clave para entender qué aspecto puede presentar en el futuro la situación y el cuidado de las personas mayores. En suma, todos los desarrollos mencionados señalan una cuestión que podemos formular de una forma sucinta: «¿Quién nos va asistir en la vejez?».[41]

3. A LA BÚSQUEDA DE NUEVOS MODELOS

Conforme a estas reflexiones, el potencial de trabajo típicamente femenino se va convirtiendo en un recurso que escasea, y la consecuencia son las lagunas en el cuidado de niños y ancianos. ¿Qué hacer, pues? En la discusión sociopolítica se formulan distintas propuestas.

En primer lugar están quienes, al buscar modelos de solución, tienen en su punto de mira sobre todo a las

40. Dunkel, 1993.
41. Kytir y Münz, 1991.

mujeres. Si las mujeres dan marcha atrás en su individualismo «exacerbado» y se centran de nuevo en la familia, entonces, según este razonamiento, los problemas de este tipo estarían resueltos. En este sentido argumentan, por ejemplo, los sociólogos estadounidenses Brigitte Berger y Peter Berger en su libro *In Verteidigung der bürgerlichen Familie*,[42] y propuestas parecidas se pueden oír, de una forma abierta, o bien más indirecta, también entre nosotros. Pero las perspectivas de éxito de tales recetas son probablemente escasas por el hecho de desconocer completamente tanto lo que fue el pasado como lo que es el presente. En lo concerniente al pasado, siguen cultivando el sueño de aquel mundo sano de nuestros antepasados, que hace ya muchísimo tiempo que ha sido rebatido por las nuevas investigaciones. No ven que la vida familiar en tiempos pasados tenía una cara decididamente oscura, que adquiría rasgos de despiadada en el trato a los más débiles, tanto a las mujeres como a los mayores y a los niños.[43] Por lo que respecta al presente, tales recetas desconocen el cambio que desde entonces se ha abierto paso, sus fundamentos y la dinámica de su desarrollo: las transformaciones en la biografía femenina no han venido casualmente, sino que son el producto final de un largo desarrollo histórico, comenzado con aquel vuelco que dio lugar a la sociedad moderna. Esos cambios no son aislados ni están delimitados, sino que abarcan multitud de ámbitos, desde el sistema de educación hasta el mundo profesional (que ya no podría funcionar sin mujeres), desde el campo de la jurisprudencia hasta el de la

42. Berger y Berger, 1984.
43. Véase, por ejemplo, Borscheid, 1988.

relación entre los sexos (¿cuántos hombres de la generación más joven están todavía dispuestos a ser, de por vida, los únicos responsables de alimentar a la familia?) Sumando todos esos cambios de distinta índole ha surgido una nueva realidad que no puede ser borrada de un plumazo de la faz del mundo. Ha quedado bloqueado el camino de vuelta hacia aquel rol especial de la mujer en otros tiempos.

Entretanto, ya hace mucho que se ha llegado a una situación en la que cada vez más mujeres no sólo quieren tener una actividad profesional, sino que se ven obligadas a tenerla por razones económicas (a fin de ganar el dinero que necesitan para su propio sustento y el de sus hijos, para asegurarse la vejez y por si ocurriera un divorcio). Quien en esta situación se ponga a recalcar los «valores familiares», mirando, al hacerlo, a las mujeres, ayuda a cimentar su desventaja económica: en el fondo, ese modelo desemboca en una «tributación adicional por parte de las mujeres, un impuesto solapado gravado sin nombrar al representante legal».[44]

Además, los valores cardinales de libertad e igualdad vinculados a este desarrollo histórico no son un invento del movimiento feminista, sino que hunden sus raíces en la Ilustración y en el ascenso de la sociedad burguesa. Es verdad que en los siglos XVIII y XIX estos valores eran referidos únicamente a los hombres. Pero desde entonces la sociedad se ha seguido moviendo y las figuras argumentativas de antaño han quebrado, y así es como esa forma de «modernidad a medias» ha alcanzado sus propios límites. La reivindicación de libertad e

44. Giddens, 1997, pág. 256, apoyándose en lo que dice Howard Glennester.

igualdad ha llegado en el siglo XX también a las mujeres, y esto no puede anularse arbitrariamente: es ingenuo esperar que las mujeres renuncien a los derechos conseguidos.[45]

Otro tipo de propuestas apunta a ir desplazando progresivamente aquellas tareas que tradicionalmente eran desempeñadas en la familia por mujeres (y que, en gran parte, siguen siendo desempeñadas por ellas) y enfocarlas desde una óptica institucional y profesional. Lo cual significa, por ejemplo, tener más guarderías y jardines de infancia, más escuelas que funcionen todo el día, más servicios de asistencia a los mayores, más «comida a domicilio», más centros asistenciales, más plazas para trabajadores sociales, servicios de asistencia sanitaria, cuidadores de gente mayor.

Sin duda, la creación de tales servicios de ayuda familiar significará una importante descarga para las familias y seguramente también para las mujeres. Pero la creación de esos servicios desde una óptica profesional topa con muchas limitaciones. En primer lugar, los límites financieros: ¿quién va a pagar esto? Lleva arrastrándose desde hace años la discusión en torno a los costes de los seguros de asistencia sanitaria y de las plazas en los jardines de infancia, y se seguirá luchando encarnizadamente por todo ello. A esto hay que añadir, como dijimos anteriormente, una limitación de otro tipo: aquel ideal del servicio sacrificado, que representa un recurso solapado en esas profesiones de asistencia sanitaria, se ha ido resquebrajando con el cambio operado en la biografía normal de las mujeres. Aparte de esto, la labor asistencial está, pese a todas sus exigencias de

45. *Ibid.*, pág. 34.

índole física y psíquica, relativamente mal remunerada. A consecuencia de todas estas circunstancias, domina hoy en día un déficit notable en personas dedicadas a la asistencia cualificada, cosa que en el futuro, probablemente, empeorará.[46]

¿Qué se ha de hacer, pues? Al empezar el nuevo movimiento feminista, cobró relevancia la exigencia de que el trabajo familiar se repartiese de un modo nuevo entre ambos sexos. Tres décadas después, los hombres asumen más labores en la casa que antes. Pero, como dijimos al principio, el cambio aún era insuficiente. Son sobre todo las mujeres las que siguen llevando el peso de la casa.

Acaso la ayuda venga ahora de una parte totalmente distinta. Quien siga la actual discusión en torno al cambio demográfico o el futuro de la familia (y sobre ello hay no pocas comisiones, gremios y congresos) podrá constatar que el tema que se trasluce en todas esas declaraciones, informes y resultados es el de las lagunas existentes en el cuidado de niños y ancianos. Desde esta perspectiva, a partir de la preocupación por el bien común y el futuro de nuestra sociedad, se alzan ahora exigencias —por parte de autores y grupos que, con toda seguridad, no son sospechosos de pertenecer al ala radical del movimiento feminista— que apuntan, sustancialmente, a una mayor participación de los hombres en el cuidado de los niños y personas mayores. El tono es aquí más bien mesurado, el estilo tiene un aire científico, pero, con todo, el mensaje no puede dejar de ser oído. Así, por ejemplo, el sociólogo de la familia

46. Informe provisional de la Enquete-Kommission Demographischer Wandel, 1994, pág. 587 y sig.; Rabe-Kleberg, 1993.

Franz Xaver Kaufmann —y, por cierto, no en un panfleto feminista, sino en una colección rigurosamente seria editada por la Cancillería federal— escribe que hasta ahora el conjunto de las ayudas intergeneracionales ha sido «casi un dominio exclusivo de las mujeres», pero que hoy en día esas formas de prestación solidaria tradicionales están en retroceso, no viendo él, para el futuro, más que una alternativa practicable: «Únicamente si se consigue que los hombres participen también en la producción asistencial destinada a las familias podrá esperarse que la actual inseguridad de las mujeres y, en conexión con ello, el cuestionamiento de la cultura familiar haga sitio a una nueva estabilización de la familia».[47]

Algo muy similar se puede leer en el informe reciente sobre la familia publicado por el Gobierno federal. Su diagnóstico dice así, en un discurso un poco abstracto: «Dado que las prestaciones familiares, las fases del ciclo vital y de las formas de convivencia, se reparten de forma muy diferente entre los dos sexos, surgen una serie de asimetrías entre aquellas personas que aportan esos servicios y las que, sobre todo, los utilizan». Con un trasfondo así, se hace hincapié en las demandas de una configuración política del futuro: «La política de ayuda familiar a los mayores no podrá evitar convertirse también en una política defensora de un cambio de lo que, hasta ahora, han sido las relaciones entre los sexos en el campo asistencial, si es que se quiere reducir las injustas asimetrías existentes en la situación respectiva de los dos sexos e incrementar el potencial de la ayuda familiar».[48]

47. Kaufmann, 1995, pág. 193.

48. Fünfter Familienbericht, 1994, págs. 104 y 194.

Análoga en su orientación, pero con un tono menos circunstancial y más claro, es la declaración del informe provisional de la comisión encuestadora Demographischer Wandel. Aquí se formula a las claras: «Una sociedad que quiera fomentar la solidaridad entre las generaciones ya no podrá seguir dejando de lado el hecho de preocuparse de la solidaridad entre los dos sexos. En el futuro se habrá de poner más empeño en dar a los hombres mayores posibilidades de percepción de lo que son las tareas familiares, incluso en las "familias de más edad"». Es, explícitamente, a los hombres a quienes se les pide aquí una transformación: «Da que pensar [...] el hecho de que la dinámica del cambio de roles entre los dos sexos proceda, unilateralmente, de las mujeres y el hecho de que a los hombres se les haga visiblemente más difícil —o se resistan más a quererlo— cambiar su comportamiento, orientado hacia el ejercicio de trabajos remunerados. La posibilidad, en el futuro, de conciliar las tareas familiares con las profesionales [...] tendrá que incrementar la disposición de los hombres a responsabilizarse en mayor grado en las tareas de índole familiar».[49] No hace mucho se reveló como portavoz eminente de tales exigencias el propio presidente federal Roman Herzog, resaltando en un discurso público y de una forma muy directa la responsabilidad de los hombres: «Se tiene que dilucidar, en el seno de la familia, cómo la responsabilidad del cuidado y la educación de los hijos puede ser conciliada con posibilidades y planes de índole profesional [...]. Esto plantea una serie de preguntas, sobre todo a los hombres, que

49. Informe provisional de la Enquete-Kommission Demographischer Wandel, 1994, pág. 145 y sig.

hasta ahora tienden a aceptar demasiado bien que los conflictos generados en esta materia sean resueltos únicamente por las mujeres».[50]

Esta petición de una participación mayor de los hombres en el trabajo familiar, que hace sólo un par de decenios era una exigencia revolucionaria, se ha convertido en la actualidad, a finales de los años noventa, en una frase oficial y un modelo públicamente legitimado. Cómo se traducirá en la práctica es otro tema. Hasta la fecha, lo único seguro es lo siguiente: el futuro de la relación intergeneracional dependerá esencialmente de si tales consideraciones quedan limitadas al ámbito de la política simbólica —proporcionando meramente material para discursos y charlas dominicales— o bien son tomadas totalmente en serio, consistiendo el paso siguiente en reflexionar sobre las medidas y propuestas políticas concretas que tomar (por referirnos a un ejemplo conocido: la introducción de un permiso laboral para la dedicación a trabajos asistenciales o una mayor flexibilidad en la estructuración de la biografía profesional, que puedan concordar mejor con las distintas fases del ciclo familiar). Pero en el caso de que su traducción en la práctica política se haga esperar, en el caso de que, pese a todos los diagnósticos, nada se mueva en la distribución del trabajo entre hombres y mujeres y en el cuidado de niños y ancianos, entonces permanecerá totalmente abierta la cuestión sobre los fundamentos para la construcción de la relación entre las generacio-

50. De un discurso del presidente de la República Federal Alemana pronunciado el 9 de diciembre de 1996 en el Wissenschaftszentrum de Bonn y citado por *BiB-Mitteilungen*, cuaderno 1, 1997, pág. 30.

nes. Formulado directamente: sin un contrato entre los sexos no habrá un contrato entre las generaciones. El futuro del contrato intergeneracional dependerá de si se logra dar una nueva configuración a la relación entre los sexos.

CAPÍTULO V

Queremos un hijo deseado[1]

«En Gran Bretaña son aniquilados 3.000 embriones congelados», «Un ginecólogo italiano ayuda a que tenga un hijo una mujer de 60 años», «Una mujer estadounidense se queda embarazada con el esperma de su propio nieto». Los nuevos procedimientos de la medicina reproductiva, objeto al principio de vehementes discusiones, han tenido luego una amplia aceptación. No son otra cosa, como no se cansan de asegurar los investigadores, los médicos y las parejas afectadas, que una ayuda con apoyo médico a fin de procurar que se realice lo que constituye la cosa más normal y natural del mundo: el deseo de tener un hijo propio. Sólo cuando se dan a conocer algunos casos espectaculares cae en la cuenta la opinión pública de que esos procedimientos abren campos y posibilidades de intervención comple-

1. Este capítulo continúa desarrollando una serie de consideraciones expuestas primeramente en el artículo «Vom Kinderwunsch zum Wunschkind» (Beck-Gernsheim, 1997c).

tamente nuevos, confrontándonos con nuevas decisiones conflictivas y nuevos dilemas. Y luego, tras un par de días o semanas, la excitación vuelve a calmarse. Hasta la próxima noticia sensacionalista...

El deseo de un hijo, de un hijo propio, de un hijo sano, ¿hay cosa más natural? Al menos eso es lo que, con frecuencia, opinamos. Y sin embargo, como contemporáneos y testigos de los rápidos desarrollos que tienen lugar en el campo de las tecnologías médicas, podemos advertir que las actitudes, las esperanzas, los deseos en torno a la paternidad están experimentando una profunda transformación. Muchas indicaciones de ello nos la suministra también la reciente literatura sobre el diagnóstico prenatal y la medicina reproductiva. Nos encontramos, una y otra vez, con declaraciones de los médicos que actúan en esta área y que nos informan de las aspiraciones de sus pacientes, registrando, en todo ello, hasta una inflación de la gama de deseos. «Es ya imposible hacer desaparecer —dice el genetista Jan Murken— el diagnóstico prenatal, pero esa línea continua que va desde las enfermedades realmente peligrosas —donde se puede verificar lo inadmisible que es seguir con el embarazo— hasta verdaderas banalidades, hasta la selección del sexo, hace difícil trazar unos límites [...]. Nunca había pensado que la cosa se iba a hacer, de golpe, tan independiente y que iba a adquirir tal difusión.»[2] Algo parecido escribe Hermann Hepp, director de la Frauenklinik en el Hospital clínico Großhadern, de Munich: «Con estos progresos médicos [del diagnóstico prenatal] se despiertan y profundizan otras ansias. La creciente aspiración a tener un hijo sano puede ir, al final, tan lejos

2. Murken, en Nippert y Horst, 1994, pág. 11 y sig.

que podría generarse una especie de "obligación de tener un hijo sin ninguna tara"».[3] De acuerdo con la interpretación corriente, tales aspiraciones son producto del egoísmo y la desmesura de los padres, una expresión de sus inclinaciones personales, sus obsesiones, sus neurosis. Frente a esto, quiero apuntar aquí otra interpretación. Me gustaría mostrar que esos deseos representan una continuación de toda una tendencia de época, esto es, el cambio de figura que la paternidad experimenta en los tiempos modernos. Resumido primeramente como tesis, diría: el nuevo deber de los padres consiste en conseguir unas «óptimas posibilidades de arranque para el hijo», de modo que lo que vivimos hoy en día como una actitud reivindicativa de los padres constituiría un intento de realizar ese imperativo.

Desarrollaré esta tesis en dos pasos. Empiezo con una breve visión retrospectiva de la historia social de la paternidad. Luego someteré a discusión los desarrollos que actualmente podemos observar en la medicina reproductiva y el diagnóstico prenatal. En esa concatenación de argumentos mostraré que, con el paso de los tiempos modernos, la paternidad se convierte, cada vez más, en objeto de planificaciones y decisiones privadas, así como de cuidados y asistencia de índole pública; que esa aparente categoría natural cada vez está más abierta a intervenciones intencionadas, adquiriendo con ello una nueva dinámica e introduciéndonos en nuevas formas de convivencia; y que en el conjunto de todos estos cambios, de estas posibilidades de elección e intervención, se va configurando una nueva relación de la persona con sus descendientes.

3. Hepp, 1994, pág. 267.

1. Paternidad en los tiempos modernos: el mandamiento de fomentar lo óptimo

Es conocido, por multitud de estudios histórico-sociales, que durante muchísimo tiempo no ha habido una educación de los hijos en sentido propio —adaptada al nivel de edad y al desarrollo personal del hijo—. En vez de eso, los padres debían ocuparse de su iniciación moral y de que se ejercitasen en el temor de Dios, la obediencia y el trabajo. Por lo demás, los cuidados concernían a las necesidades elementales del niño, la alimentación y el vestido. Aparte de esto, había una cierta vigilancia, para protegerlos de peligros como las caídas o el ahogamiento, y muchas medidas de corrección corporal, no raras veces en forma de azotes.

Sólo con la transición a la sociedad moderna empieza el «descubrimiento de la niñez» (Ariès) y, con ello, también una nueva era en la historia de los padres. El credo de la nueva actitud hacia el hijo es que los padres pueden contribuir, con unos cuidados y una educación convenientes, al crecimiento sano del hijo; es más, pueden poner los cimientos para todo su destino posterior. Un motor importante de este desarrollo es la reivindicación, que surge de la filosofía de la Ilustración, de la formación: «La persona sólo puede hacerse mediante la educación. No es otra cosa que lo que haga de ella la educación» (Kant). Cuanto más se convierte esta máxima en una característica del modelo cultural tanto más crecimiento experimentan las tareas pedagógicas. El saber, el lenguaje y la cultura del hijo, su moral y su salud mental, todo eso se convierte ahora en deberes que aumentan el trabajo de los padres. «Toda esa reivindicación de la filosofía de la Ilustración, con su respeto por el ser humano como sujeto de derechos inalienables y su voluntad de ver en cada persona un individuo distinto, un ser que piensa por sí mismo y capaz de tomar decisiones, se aplica ahora también al hijo, al menos en sus perspectivas de futuro: es una *tarea de los padres* introducir al hijo en tales derechos.»[4]

Una mirada a la historia social de los siglos XVIII y XIX muestra que lo que fomenta este nuevo interés por la educación representa también un profundo cambio en la estructura social. Pues ésta es la época en que tiene lugar una paulatina transición de la sociedad tradicional, determinada por lo estamental, hacia una sociedad industrializada, regulada por las leyes del mercado. Con ello, la posición social se torna más abierta y accesible para más gente y, en consecuencia, la formación adquiere una mayor importancia, pues si la posición social no es ya simplemente una herencia, crece la demanda de capacidades y conocimientos. Al principio de todo, los esfuerzos por la educación del hijo, donde la cultura y la formación pasan a un primer plano, aparecen concentrados en torno a la burguesía ascendente (sólo después llegan también a grupos más amplios de la población): la finalidad es afirmar con ello la propia posición social, asegurándola contra el peligro de descenso y, en lo posible, mejorarla.

En un estadio posterior de la ampliación de los deberes de los padres aparece el tema de la salud, que toma gran impulso en el siglo XIX. Su desencadenante tiene que ver con los progresos de la medicina, que cada vez es más capaz de descifrar de qué causas surgen las enfermedades del niño pequeño y cuáles son las razones

4. Flitner, 1982, pág. 21 (la cursiva es del original).

de fondo de la alta mortalidad infantil. Pasan a primer plano una serie de reglas para una higiene y alimentación adecuada del niño pequeño. También aquí son, en primer lugar, las mujeres de la burguesía ascendente las que asumen de buen grado esas tareas. Luego, en la segunda mitad del siglo XIX, empezará de forma masiva una campaña de concienciación cuyas destinatarias son preferentemente las mujeres de los trabajadores urbanos. Se inicia un «proceso de civilización higiénica de la familia de trabajadores»,[5] que va desde una explicación de los factores de la salud, pasando por las reglas de la alimentación, hasta la propagación de la lactancia natural.

Este derecho filial, que empieza con la época moderna, no cesará de recibir cada vez un mayor impulso en tiempos posteriores.[6] Gracias a desarrollos de distinto tipo, adquirirá un peso adicional sobre todo en la segunda mitad del siglo XX. Son especialmente los progresos de la medicina, la psicología y la pedagogía los que lo impulsan. Así es como, por ejemplo, discapacidades corporales que a principios de siglo tenían que ser aceptadas como un golpe del destino, ahora se hacen cada vez más tratables y corregibles. En la psicología se abre paso una nueva línea de investigación que acentúa, con todavía más fuerza que antes, la importancia de los primeros años de vida, incluso equiparando el hecho de haber dejado de lado el cuidado del niño con la pérdida de posibilidades en su desarrollo. Al mismo tiempo, se puede consignar un claro aumento de los ingresos familiares, con lo que se ponen al alcance de amplios grupos

5. Frevert, 1985, pág. 421.
6. Beck-Gernsheim, 1989, pág. 109 y sigs.

de la población posibilidades de fomento que antes estaban reservadas a un pequeño estrato social. También disminuye el número de nacimientos, cada vez hay más hijos únicos o, a lo sumo, una pareja, y, por tanto, la esperanza de futuro, las ambiciones, las inversiones de los padres se concentran en su descendencia, como «recurso escaso» que es y cuyo éxito han de tratar de asegurar. Además de esto, en el plano político se ha puesto en marcha una propaganda en pro de la formación que se dirige a grupos que hasta ahora estaban en desventaja. Finalmente, las campañas de salud continúan creciendo, transmitiéndose a través de los pediatras, servicios de asesoramiento social, cursos de la universidad popular: son muchos los campos en los que se hace un «sitio tutelar» a los padres.[7]

Como resultado de estos condicionamientos y otros parecidos, esa presión, culturalmente predeterminada, se hace más fuerte: cada vez se hace menos lícito tomar al hijo tal como es, con sus particularidades corporales e intelectuales, y hasta con sus defectos. El niño se convierte, más bien, en una especie de meta de una serie polifacética de esfuerzos. En lo posible, todos sus defectos deben ser corregidos (nada de bizqueo, nada de tartamudez, fuera la enuresis), todas sus facultades deben ser fomentadas lo más posible (aprendizaje de piano, cursos estivales de idiomas, tenis en verano, esquí en invierno). En el mercado de libros y revistas aparece una multitud de asesores en el tema de la educación. Por diferentes que sean, su mensaje contiene esencialmente lo mismo: la maduración del hijo es definida como una tarea privada y una responsabilidad personal

7. Frevert, 1985, pág. 421.

de los padres. Y el encargo es, por doquier, parecido: los padres deben hacer todo lo posible para dar al hijo «oportunidades óptimas de puesta en marcha».

Resumiendo, podríamos decir que en la sociedad hiperindustrializada en que vivimos el cuidado físico del hijo se ha hecho, ciertamente, en muchos aspectos más sencillo, gracias a la tecnificación del hogar y a los artículos preparados ya de antemano, como los pañales desechables y las papillas de bebés. Pero también es verdad que con el descubrimiento de la infancia se descubrieron también nuevos temas y nuevas tareas, que se traducen en crecientes exigencias a los padres. En este sentido, el resultado de una amplia investigación sociológica de la familia es que se va imponiendo la «norma de la paternidad responsable», que, «hoy en día, la responsabilidad ética y social de los padres [...] ha alcanzado una dimensión históricamente insospechada».[8]

2. Las ofertas del diagnóstico prenatal y genético

Hasta aquí hemos visto el desarrollo de la paternidad como el ascenso de un encargo pedagógico cada vez de mayor amplitud. Desde hace algunos años hay que añadir a ello una dinámica completamente nueva, y, por cierto, gracias a las posibilidades de intervención abiertas por la medicina reproductiva y el diagnóstico prenatal. Mencionemos aquí, sobre todo, el perfeccionamiento de la inseminación artificial, con ayuda de la técnica de congelación de embriones y el banco de se-

8. Kaufmann y otros, 1984, pág. 10.

men; luego, la fertilización *in vitro* con la transferencia de embriones; finalmente, el desciframiento del código genético y, con ello, las nuevas técnicas del diagnóstico prenatal.

Con estos desarrollos que han tenido lugar en la medicina, la biología o la genética cada vez se hace más posible una «construcción» intencionada de la paternidad, que puede ser aplicada para diferentes fines. Ahí está, por un lado, el fin probablemente más conocido: ayudar a las parejas sin hijos para que consigan ese hijo deseado que no pueden tener. Además, hay también otro fin que, en la conciencia pública, ha estado hasta ahora menos presente. Pues las nuevas ofertas de la tecnología médica pueden ser aplicadas también para ayudar a cumplir el encargo moderno de optimizar las posibilidades de arranque del hijo, y ahora ya no solamente después de nacido, sino en los estadios prenatales, mediante intervenciones en el repertorio biológico.

Nueva responsabilidad

Para mostrar la dirección de esta tendencia, consideraremos primero el ámbito del diagnóstico prenatal y genético. Aquí podemos observar lo rápido que progresan las posibilidades de diagnóstico y cómo se va abriendo camino, en la misma medida, una transformación en el concepto de la responsabilidad de los padres.

En primer lugar, aportaremos un par de ejemplos. De la entrevista hecha a una mujer embarazada: «Me sentía inmersa en un terrible dilema. Oía por todas partes lo mismo: "¿Te han hecho un estudio? ¡No dejes de hacerlo, ya que existe esa posibilidad! [...] ¿Y si luego tienes un niño discapacitado? ¡Ya tienes dos hijos, has de pensar también en ellos y en tu marido!"».[9] O lo que dice un ginecólogo a una paciente de 35 años: «Es imprescindible para una mujer de su edad. A partir de los 35 *se tiene que* hacer».[10] En un libro de divulgación científica, que informa sobre las posibilidades y los riesgos del diagnóstico prenatal, podemos leer: «Si usted asume la responsabilidad de su embarazo y quiere tomar decisiones bien fundadas [...] tendrá que leer necesariamente este libro. Gracias a estas informaciones, la responsabilidad se pondrá en manos de la persona debida: ¡usted!».[11]

Aquí se trasluce el sigiloso cambio de significación que se ha operado en el concepto de responsabilidad. Cuanto más seguros se hacían los métodos anticonceptivos disponibles, mayor difusión adquiría la idea de la planificación responsable por parte de los padres. Entonces se hacía referencia a un aspecto cuantitativo: se trataba de tener sólo tantos hijos como fuera posible alimentar y educar de una forma adecuada.[12] Con la aparición de nuevas posibilidades en la medicina reproductiva y en el diagnóstico prenatal, el concepto de «responsabilidad» ha seguido evolucionando y ha adquirido una nueva tonalidad. Cada vez se la toma más en el sentido de una elección cualitativa, que empieza antes del nacimiento e incluso, quizás, antes de la concepción. Es cierto que con frecuencia se utilizan formulaciones que, al proceder del lenguaje administrativo, no

9. De una entrevista en Schindele, 1990, pág. 64.
10. *Ibid.*
11. Blatt, 1991, pág. 16 y sig. y pág. 25.
12. Häußler, 1983, págs. 58-73.

expresan directamente lo que persiguen: por ejemplo, todo ese discurso sobre la «prevención»[13] o las «medidas profilácticas».[14] Conceptos así tienen en nuestra sociedad una carga positiva. Suenan modernos, razonables, higiénicos, como una parte integrante de la protección de la salud promovida por doquier, algo comparable al lavarse los dientes por la mañana y por la noche. Apuntan a fines que encuentran una amplia aprobación, sirviendo tanto al interés individual (mantenimiento de la salud, evitación del dolor) como al social (ahorro de costes).

Sin embargo, aquí se trata de algo más que de una higiene bucal. Por decirlo sin ambages, lo que se quiere es evitar el nacimiento de niños con taras, y esto mediante la renuncia a tener hijos o (y ésta es la opción que se impondrá más fácilmente) mediante un «embarazo de prueba»,[15] seguido de una interrupción del embarazo si el resultado es desfavorable. En una hoja de información médica se dice, por ejemplo: «El diagnóstico genético prenatal ayuda, esencialmente, al nacimiento de niños sanos»; meta ésta que puede estar totalmente segura de la aprobación general, por mucho que la formulación sea, en un punto decisivo, imprecisa. Pues sólo en la frase secundaria que sigue a continuación se indica cómo se cumplirá esa promesa de niños sanos: «Conociendo a tiempo qué niños presentarán graves trastornos corporales o psíquicos, permitiendo así el recurso a una

13. Schmid, 1988, pág. 77.

14. «En familias con riesgos genéticos se ha de procurar, antes de la concepción, consultar al genetista. Dado el caso, deberán aplicarse medidas profilácticas» (Bach y otros, 1990, pág. 41).

15. Schmid, 1988, pág. 77.

interrupción del embarazo».[16] Tales decisiones entran en colisión con el concepto tradicional del «amor paterno o materno», nos recuerdan las oscuras épocas de la eugenesia; en pocas palabras: tocan zonas que eran tabú y por ello es frecuente que se las soslaye mediante diversas estrategias, silenciándolas, parafraseándolas o evitándolas. De modo que no es nada casual el hecho de que con frecuencia se usen formulaciones que dejan vislumbrar lo que persiguen sólo indirectamente, que no es otra cosa, por decirlo con claridad, que evitar el nacimiento de niños discapacitados. Hay ya tendencias a alabar tal proceder, como expresión de lo que es una nueva forma de responsabilidad, que trata de librar a los niños de un «destino cruel».[17] Van ganando espacio pensamientos como éstos que formula el filósofo Martin Sass: considera las decisiones de reproducirse que impliquen un alto riesgo como «irresponsables de cara a la sociedad, que recibe en su comunidad solidaria a un ser con taras tan graves».[18] Ya apuntan, en la conciencia de la gente, nuevas sensibilidades; más de uno empieza a tildar de egoístas, ignorantes o estúpidas a las

16. Estas formulaciones están tomadas de una hoja informativa que el ginecólogo de Friburgo M. Schulte-Vallentin hizo llegar a sus pacientes.

17. Así Hubert Markl, que fue presidente de la Deutsche Forschungsgemeinschaft, en una conferencia sobre el tema «Genetik und Ethik»: «[...] Yo quiero decir con toda claridad —ya que este tema se presenta a veces de otra forma— que renunciar a tener hijos por tales razones [genéticas] merece, al menos, tanta alabanza, y quizá todavía más, como la decisión de dejar, con una piedad despiadadamente fatalista, que siga su curso un destino, dadas las circunstancias, tan cruel» (Markl, 1989).

18. Sass, citado por Bundesministerium für Forschung und Technologie, 1984, pág. 123.

mujeres que no hacen uso intencionadamente de las propuestas del diagnóstico prenatal y genético: «Prefieren esconder la cabeza debajo del ala a averiguar la verdad».[19] Lo que aquí se pone de manifiesto es el sigiloso cambio de significado que está experimentando el concepto de responsabilidad. Con la creciente oferta de las posibilidades actuales de pruebas ginecológicas, el concepto de «responsabilidad» recibe un nuevo contenido, se amplía hasta convertirse, inadvertidamente, en lo adecuado a lo técnicamente factible. Quien no lo comparta aparece, siguiendo esta lógica, como una persona irresponsable, esto es, sospechosa, si no ya culpable.

La nueva culpa

Detrás de esa ampliación del concepto de «responsabilidad» hay una lógica no difícil de descifrar. La responsabilidad, de forma similar a la salud, constituye un valor de primera clase, una estrella orientadora en el horizonte de los tiempos modernos, fundados en la filosofía de la Ilustración. Responsabilidad quiere decir más autonomía, el que la propia persona tome el destino en sus manos, tal como lo formulara una vez Kant hablando de la tarea de la Ilustración: «Salida de la inmadurez de la que uno mismo es culpable». Pero ya en esta formulación apunta un doble significado, señalando hacia la otra cara del asunto. La persona que no asuma su responsabilidad es considerada irresponsable, su dejación es valorada ahora

19. Frase de una entrevista que aparece en Schindele, 1990, pág. 66.

como una culpa: no en vano la expresión «demandar responsabilidades» tiene un tono amenazador. Eso es, exactamente, lo que podemos observar actualmente en el campo del diagnóstico prenatal. Por un lado, tanto en la profesión médica como en el seno de las comisiones y de los gremios políticos, se repite insistentemente que la decisión libre es un derecho fundamental de la persona, y el tenor de todas las declaraciones oficiales no deja lugar a dudas: no debe haber ninguna coacción, cada persona ha de obrar como le parezca bien. Pero, por otro lado, debemos contar con la fuerza de atracción de la técnica, de modo que, paso a paso, al principio con pasos apenas advertidos, el concepto de responsabilidad va recibiendo un nuevo contenido y adquiere una nueva extensión, hasta que surge una presión cada vez más fuerte a agotar todas las posibilidades de diagnóstico disponibles.[20] Añádase a esto que la responsabilidad de la que aquí se trata tiene muchos destinatarios y puntos de referencia. Por una parte, como vimos anteriormente, está la responsabilidad frente a la sociedad. Luego, la responsabilidad de cara a la familia, que es lo que se desprende del primer ejemplo que dimos antes, en relación con el marido y los hijos ya nacidos (y acaso también en relación con los abuelos, que tienen puesta su esperanza en un nieto sano, guapo, que se pueda mostrar). Sin olvidar la responsabilidad para con el niño aún no nacido: ¿podemos cargar sobre él el destino del discapacitado, una existencia que se mueva entre la compasión, el rechazo y la dependencia? Se dice ya que, en caso de detección de un defecto genético, la

20. Según el informe del Büro für Technikfolgen-Abschätzung del Bundestag (Hennen y otros, 1996, pág. 90 y sig.).

decisión de interrumpir el embarazo es un acto de «protección del no nacido»;[21] es más, se haría por «el bien» del niño.[22] Y las mujeres que reivindican el diagnóstico prenatal mencionan como un motivo central para hacerlo la compasión con el niño no nacido, en el caso de que fuera a nacer discapacitado. Se le debe ahorrar un «tormento así de existencia»: «De otro modo, no le damos al niño sino una tortura».[23] ¿Forma parte, hoy en día, según esto, de la protección que se le debe al niño el que se prefiera no dejar que venga al mundo si se detecta una anomalía genética? ¿Es mejor no vivir que una vida que empieza ya cargada con la hipoteca de genes «malos»? Resumiendo lo principal: ¿interrupción del embarazo por amor al niño?

Muchos son los niveles de responsabilidad, muchas las cuestiones. Muchos los puntos de partida para re-

21. En una publicación de la Asociación SAFTA (Charity for support after termination for abnormality), cuyo fin es ayudar a las personas que se han decidido por una interrupción del embarazo con motivo de la detección de anormalidades genéticas, se dice lo siguiente: *The decision to terminate a wanted baby because of foetal abnormality is one made out of care for the unborn child.* Citado por McNally, 1995, pág. 142.

22. El magistrado británico Stephenson interpreta la cláusula contenida en la ley sobre la interrupción del embarazo, según la cual, en caso de una tara genética del feto, es admisible la realización de un aborto, de la forma siguiente: *That paragraph may have been passed in the interests of the mother, the family and the general public, but I would prefer to believe that its main purpose, if not its sole purpose, was to benefit the unborn child. Ibid.*

23. Veánse aquí los resultados de un estudio encargado por el Büro für Technikfolgen-Abschätzung del Bundestag y llevado a cabo por la Universidad de Münster, expuestos en Hennen y otros, 1996, pág. 116 y sigs.

proches y autorreproches, presiones sociales y morales. Todo eso sirve de impulso, como nos enseña la experiencia de situaciones semejantes, a la disponibilidad a hacer las pruebas que se ofrezcan, «para que después no tengamos que reprocharnos nada».[24] Hay datos empíricos sobre el diagnóstico prenatal: de las mujeres que, por su edad, entraban en el grupo de riesgo, hace algunos años la mitad ya se había sometido a un diagnóstico prenatal. Y, según cálculos recientes, su uso ha crecido considerablemente desde entonces.[25]

Otros países, otros valores

Es instructivo, en conexión con todo esto, echar también una mirada a otros países y ámbitos culturales. Como es sabido, el diagnóstico prenatal puede aplicarse también para reconocer anticipadamente el sexo del niño y «evitar» así, en un caso dado, niños de un sexo no deseado. Éste es exactamente el caso en países como la India, China o Corea, donde, si el resultado de la prueba anuncia una niña, el embarazo a menudo es in-

24. Véase Kentenich y otros, 1987, págs. 364-370; Parsons y Bradley, 1994, pág. 106; Fuchs y otros, 1994, pág. 30 y sig. y pág. 148.

25. Hennen y otros, 1996, pág. 78; Bradish y otros, 1993, pág. 68 y sig. Por apoyarnos en algunas cifras concretas: en 1991 se llevaron a cabo en Alemania Occidental 42.745 análisis prenatales (amniocentesis) y en 1995 eran ya 61.794 (así lo señaló Irmgard Nippert en el congreso «¿Perplejidad pese a la abundancia de informaciones? El asesoramiento en el embarazo ante los desafíos de la medicina moderna», celebrado en el Wissenschaftszentrum de Bonn, junio de 1997).

terrumpido. Para nuestra sensibilidad, una forma tal de proceder es bárbara, una vulneración de los límites elementales, que son tabú. Pero si cambiamos el punto de vista y lo examinamos con otra óptica, tomando como base los patrones de valoración y las condiciones de vida de los respectivos países, entonces se podría argumentar —y de hecho se argumenta así— que no nos encontramos con una falta de la más elemental conciencia de responsabilidad por parte de los padres, sino, al contrario, con una clara expresión de la paternidad responsable. Al fin y al cabo, es indudable que las mujeres son menos valoradas en aquellos países y se hallan expuestas a múltiples desventajas. Considerando esto, se llega rápidamente a una conclusión y a una pregunta: si es lícito, e incluso puede ser un imperativo moral, ahorrar a un niño el destino horrible de una minusvalía, ¿por qué no va ser también legítimo ayudar a evitar ese destino, acaso no menos cruel, de tener el sexo equivocado?

Ahora bien, más de uno dirá que esto es una historia de países lejanos, un caso, por tanto, exótico y especial. Pero en una época como la nuestra de globalización y de movimientos migratorios planetarios, las personas de otros círculos culturales y de otros países no están ya solamente allí, sino, y cada vez más, entre nosotros; en consecuencia, tiene lugar una confrontación —y, en no pocos casos, un choque— entre diferentes valoraciones y deseos, cosa que los médicos que trabajan en esta área del diagnóstico prenatal y de la medicina de la reproducción experimentan no pocas veces. Tomemos, por ejemplo, el caso siguiente: en el Congreso anual de la Gesellschaft für Humangenetik, que tuvo lugar en Munich en 1989, un genetista presentó el informe de una pareja turca que solicitó la realización de un diagnóstico prenatal para averiguar el sexo del embrión y, si el embrión era femenino, abortar. El genetista señaló que él, personalmente, rechazaba la eugenesia y la selección del sexo. Pero este caso, siguió diciendo, era muy distinto, pues el matrimonio tenía ya seis hijas, era, además, de una edad avanzada y dentro de algunos años quería volver a Turquía; dado que entonces no tendrían más ingresos familiares que la pensión de la jubilación, no se podrían permitir aportar la dote para una hija más, y sin esa dote la muchacha no tendría ninguna posibilidad de contraer matrimonio y quedaría así excluida del modelo y la forma de vida que la sociedad de allí espera de las mujeres; en una palabra, concluyó que estaban en juego hábitos de vida y valores de otros países que no podríamos juzgar según nuestros patrones.

Ahora bien, una selección de sexo así ha sido prohibida en Alemania por la ley de protección de embriones, pero incluso en países occidentales que nos son cercanos podemos encontrar un conjunto de opiniones que hacen hincapié en el derecho de las decisiones individuales y rechazan por ello las barreras externas. El estadounidense James Watson, por ejemplo, que obtuvo el premio Nobel por sus investigaciones sobre la estructura de la molécula hereditaria, ha hecho estas declaraciones: «Soy de la opinión de que con ayuda del diagnóstico prenatal sólo es legítimo impedir la llegada al mundo de una descendencia "no sana". Pero esto es, naturalmente, una frontera arbitraria. ¿Qué cosa no es sana? ¿La dislexia? El rey de Suecia es disléxico y estoy convencido de que se sentiría feliz de poder impedir la transmisión de esa enfermedad a generaciones futuras.

[...] Y si una mujer ha dado a luz a siete varones y quiere asegurarse, con un diagnóstico prenatal, de que su octavo hijo será una niña, recurrir a ello parece ser un paso razonable. Se trata de decisiones individuales. Cada persona debería poder tomarlas libremente».[26]

Claro que Watson elude aquí, con elegancia, el punto decisivo, ya que con ayuda del diagnóstico prenatal no se puede, propiamente, asegurar que el hijo tenga el sexo deseado, sino sólo constatar qué sexo tiene ya, pudiéndose plantear, en el caso de que no sea el buscado, el aborto. Aparte de esto, el caso que aduce Watson es, por decirlo sin ambages, atípico, dado que en la inmensa mayoría de casos lo que se desea es un hijo, no una hija. Pero si pasamos esto por alto, el mensaje está claro, es decir: en determinadas circunstancias, una selección de sexo es razonable.

Y si es razonable que en un caso dado se evite la llegada de niños del sexo no deseado, ¿qué diremos de niños que no tengan el color de piel buscado? También aquí se puede argumentar que, en determinadas circunstancias, es razonable que se haga la selección correspondiente, e incluso acaso pueda ser un imperativo moral el hacerlo. Es verdad que entre nosotros, teniendo en cuenta los conocidos horrores de la historia alemana, a nadie se le permitirá decir algo así en público. Pero en la mayor parte de los países no hay tales limitaciones-tabú, pudiéndose hablar y escribir de una forma mucho «más relajada». Por ejemplo, en un artículo británico que se ocupa de la ética del análisis del genoma humano se puede leer: «En una sociedad donde existe

26. Entrevista con James Watson, en *Focus*, nº 17, 1993, págs. 94-97.

la discriminación hay determinadas características que son especialmente deseadas, y los individuos que no las tienen probablemente experimentarán, en mayor o menor grado, sus desventajas. De ahí que podamos argumentar que no todas las formas de eugenesia tienen que ser, necesariamente, inadecuadas. Puede que la selección de embriones o fetos esté, más bien, éticamente justificada si sirve para el bien futuro del niño. Por ejemplo, está claramente justificada una selección del [...] color de la piel si en una determinada sociedad queda perjudicada la igualdad de oportunidades para todos por culpa de la discriminación».[27]

Por estos ejemplos podemos ver que la fórmula «en interés del niño» ofrece un campo abierto a multitud de reflexiones e interpretaciones. Y también podemos comprobar que mucho de lo que entre nosotros aparece como algo moralmente cuestionable y desechable en otros países es visto y practicado de un modo totalmente distinto, y puede ser valorado como normal, humanamente razonable y hasta como un imperativo moral.

3. Las promesas de la medicina de la reproducción

En el campo de la medicina de la reproducción se ha desarrollado, en los últimos años, un amplio abanico de procedimientos, más o menos complicados, para ofrecer ayuda a aquellas personas que, pese a desearlo, no tienen hijos. Aquí entran —éste es el caso más conocido— las parejas que por impedimentos biológicos no

27. Wood-Harper y Harris, 1996, pág. 282.

pueden realizar su deseo de tener descendencia. Aparte de esto —cosa que está menos presente en la conciencia de la gente—, gracias a la pluralización de las formas de convivencia cada vez hay que añadir a aquel grupo otros que, por diferentes motivos, instan a que también se les asista médicamente para lograr la realización de su deseo de tener hijos: hombres y mujeres que anteriormente se habían hecho esterilizar, pero que después (por ejemplo, en el marco de una nueva pareja) quieren volverse atrás; mujeres que ya han pasado la menopausia y esperan una tardía maternidad mediante una donación de óvulos; parejas de homosexuales que aspiran a la paternidad; y, finalmente, gente que está sola y que, pese a no tener pareja, tampoco quiere quedarse sin hijos.

Por diferentes que sean esos motivos, todos señalan, palmariamente, en una misma dirección: lo que se llama una «reproducción técnicamente asistida» y que, solapadamente, va desbrozando el camino hacia nuevas formas de paternidad. Pues en el curso de estas transformaciones hechas gracias a las nuevas técnicas y de las posibilidades que con ello se abren, el deseo de tener un hijo puede venir asociado al deseo de influir en las particularidades de ese hijo. En la medicina reproductiva se puede observar lo que ya está ocurriendo con el diagnóstico prenatal: algunos de los futuros padres entienden esas ofertas de la tecnología médica como una prestación de servicios y desarrollan, como se quejan los médicos, una serie de síntomas característicos de una «actitud de consumidores».[28] Ya no se busca solamente un hijo, sino un niño particular: aparece

28. Hepp, 1994, pág. 267.

una nueva forma de «mentalidad sobre lo que es un hijo deseado».[29] Todo esto no es pura casualidad ni tampoco mera expresión de motivos egoístas de los padres. Más bien es algo ya preprogramado en el mismo procedimiento, pues la medicina de la reproducción posibilita la selección, e incluso la hace necesaria.

Modelos y selección

Un ejemplo típico de esto son aquellos casos donde el deseo de tener descendencia debe ser realizado mediante donantes de semen, donantes de óvulos y madres de alquiler. En Estados Unidos se ha convertido ya en una práctica habitual el hecho de que los interesados reciban un catálogo donde están cuidadosamente descritos esos donantes de semen, óvulos y madres de alquiler según las características consideradas relevantes. Los clientes pueden o, mejor, deben elegir entre éstos. Pero si se puede elegir, ¿por qué no hacer la «mejor» elección? ¿Quién, si ha de buscar entre distintos artículos que se le ofrecen, va a elegir, a sabiendas, lo que le guste menos? Pues aquí pasa algo similar: dado que se debe hacer una elección, es natural que se elija conforme al deseo propio a fin de inclinar la ruleta genética hacia una serie de características determinadas. Según esto, muchos «compradores» hacen hincapié en la inteligencia, otros en la salud, mientras que otros prefieren resaltar el color azul de los ojos o las aptitudes deportivas. Esta gama de deseos no están repartidos, ciertamente, al azar, sino que también aquí se percibe esa tendencia a la

29. Daele, 1986, pág. 157 y sig.

optimización. Como muestra un informe sobre el mayor banco de semen de Estados Unidos, según las experiencias de los encargados de atender allí a los clientes, «en el caso de gente casada [...], el donante ha de parecerse lo máximo posible al marido, "pero, por favor, sin la nariz gorda" o defectos parecidos; en pocas palabras, se busca lo mejor de la familia, combinado con algunas correcciones aportadas por los donantes». Mujeres solteras, en cambio, mandan frecuentemente fotos de estrellas de cine a fin de mostrar cuál es el ideal de donantes a que aspiran y, con ello, su ideal de niño.[30]

Tendencias similares pueden advertirse en el campo de la fecundación *in vitro,* tema que hasta hace aún algunos años ocupaba los titulares y desencadenaba violentas discusiones entre el público, pero que se ha convertido casi en un procedimiento normal en el tratamiento de la infecundidad. Según las descripciones de los médicos que trabajan en este sector, no es raro observar en el comportamiento de los pacientes una actitud de exigencia. Así, por ejemplo, un médico dice que sus pacientes quieren un determinado hijo como si fuera un producto que uno mismo se compra, «elegido por el color del cabello y de los ojos».[31] Aún con mayor mordacidad lo formula Jacques Testart, uno de los padres científicos del primer bebé probeta francés: «Muy estimados padres, la fertilización *in vitro* se siente feliz de poder ofrece pronto óvulos *à la carte*, el laboratorio asume la garantía de que recibirán el sexo deseado y se cumplirán las normas legales. Si la cosa progresa un poco más, ustedes podrán elegir entre un surtido como

30. Biel, 1995, pág. 32.
31. Fuchs y otros, 1994, pág. 32.

en una tienda donde se venden animales: color de los ojos, altura de las piernas, forma de las orejas y un certificado de salud».[32] Basándose en sus propias experiencias, él ya ve venir que la fertilización *in vitro* pronto será usada también para la elección del sexo y las correcciones genéticas: «Y una vez que se haya conseguido no se crea que será posible negarse a entregar a los padres el documento de identificación del óvulo [...]. Soy de la opinión que el nacimiento de un hijo del sexo no deseado causará, igualmente, dolor, y no menos que el que siente hoy en día una pareja cuyo deseo de tener hijos queda insatisfecho. Tendrán razón los psiquiatras en señalar los peligros que podrán surgir para el equilibrio psíquico de la pareja y el desarrollo del niño si se niega a los demandantes la ayuda técnica que piden».[33]

Lo que entonces era formulado como una visión del futuro se ha hecho, entretanto, realidad. Por ejemplo, un médico británico de la reproducción ofrece abiertamente una fecundación *in vitro* con vistas a la selección de sexo (cierto que, como en Gran Bretaña está prohibido hacer algo así, lo haría en Italia o Arabia Saudí). Su oferta encuentra una viva demanda y a las objeciones que se le hacen reacciona él con toda tranquilidad: «Practicar la medicina significa también [...] intervenir en la naturaleza. Se trate de un trasplante de corazón o bien de una elección de sexo, ¿dónde está la diferencia?».[34] Entretanto, la fecundación *in vitro* ha sido usada incluso para seleccionar el color de la piel. Por ejemplo, en una clínica italiana, una mujer negra se hizo implantar

32. Testart, 1988, pág. 24.
33. *Ibid.*, págs. 25 y 115.
34. *Abendzeitung*, 11 de marzo de 1997, págs. 1 y 6.

los óvulos de una blanca, y eso por razones explícitas, para que el futuro niño pudiera tener mayores posibilidades de éxito en la vida. Una reputada revista británica comentó al respecto, rechazando las objeciones: «Si alguien quiere ver en ello algo malo, lo malo no está en la madre, que quiere lo mejor para su hijo, sino, más bien, en la sociedad que juzga a los niños por el color de la piel y distribuye las posibilidades de acuerdo con ese criterio».[35]

Cuando, de hecho, se consigue el embarazo buscado, la tendencia siguiente es lograr una optimización de la descendencia. De lo que hoy se trata es de adelantarse a las casualidades o a los accidentes de la naturaleza. Así, por ejemplo, desde centros alemanes para la fertilización *in vitro* se informa de que las mujeres en las que se ha puesto en marcha con éxito un embarazo con la ayuda de las técnicas correspondientes recurren después, con frecuencia, también al diagnóstico prenatal.[36] Y eso aunque esos métodos de análisis entrañen algún riesgo de parto fallido. Por muy apremiante que sea el deseo de tener hijos, todavía es más fuerte aquí, evidentemente, el deseo de que el hijo no tenga ninguna anomalía. No se busca únicamente un hijo, sino un hijo, en lo posible, «libre de defectos».

Garantía del producto

Aún más al descubierto se muestra esa tendencia allí donde se trata del «niño por encargo», es decir, en centros que ofrecen los servicios —¿o cómo habrá que

35. *The Economist*, 8 de enero de 1994, pág. 15 y sig.
36. Fuchs y otros, 1994, pág. 156.

llamarlos?— de donantes de semen, donantes de óvulos o madres de alquiler: es natural que la expectativa de los futuros padres sea que ese niño tenga en lo posible un estado de salud al que no pueda ponérsele ningún reparo. Y según esto se configuran los procesos de selección, al menos en los mejores centros: se investiga el historial médico de los hombres y las mujeres escogidos, se les hace una prueba de enfermedades infecciosas, etc.; en una palabra, se cuidan todos los estándares de seguridad.[37] Incluso es frecuente que los contratos habituales de madres de alquiler en Estados Unidos contengan una cláusula que obliga a esa madre de alquiler a someterse a un diagnóstico prenatal tan pronto como se llegue al embarazo (cosa que a veces incluye también, en caso de que se detecte una anomalía genética, la obligación de abortar).[38]

Pero ¿qué pasa si el niño que ha nacido no corresponde a los deseos de los padres, si presenta alguna discapacidad o enfermedad crónica? Entonces se puede llegar (al menos es así según el Derecho estadounidense) a una confrontación jurídica. Por ejemplo, una pareja californiana demanda a un banco de semen pidiéndole una indemnización porque su hija sufre una enfermedad genética incurable. Ella había sido inseminada artificialmente con esperma de su marido, aunque éste previamente había indicado al banco de semen que una de sus tías padecía una dolencia renal. Y como se pudo comprobar más tarde, en realidad eran varios los

37. Veáse, por ejemplo, «Safe semen», *Newsweek*, 13 de febrero de 1989, pág. 7; «Not the right father», *Newsweek*, 13 de marzo de 1990, pág. 50 y sig.

38. Véase, por ejemplo, Field, 1988, págs. 65-67.

parientes suyos con riñones poliquísticos y alguno había muerto ya de esta enfermedad. El proceso judicial debía ahora dilucidar hasta qué punto los bancos de semen son responsables de sus productos.[39]

Ahora bien, hay, como dijimos al principio, una interpretación bastante extendida según la cual en tales deseos se revelan las inclinaciones y neurosis personales de los padres, desde la pretensión exacerbada de tener todo bajo control hasta el delirio perfeccionista y la desmesura. Pero una interpretación de este tipo se queda, en mi opinión, demasiado corta, pues no tiene en cuenta que las formas de comportamiento descritas encajan a la perfección en una tendencia histórica que cada vez asigna a los padres tareas y deberes de mayor amplitud. En el modo como son usadas las ofertas de la tecnología médica se refleja también —ésta es mi tesis— una continuación y prolongación de esa tendencia histórica: ésta es plenamente asumida y extendida hacia ámbitos que hasta ahora estaban cerrados a la intervención humana. La tendencia a la «optimización de las posibilidades de arranque en el niño» se convierte aquí en una tendencia a la «optimización genética del niño», cosa que tiene, sobradamente, su propia lógica interna. En una sociedad donde lo que cuenta, sobre todo, es la salud, el trabajo y el aspecto, donde estas cosas han dejado ya de ser algo dado de antemano por la naturaleza como un destino, siendo presentadas como una tarea y una responsabilidad del actuar humano, ésta se convierte también en una tarea de los padres, una tarea que comienza antes del nacimiento del hijo, e incluso antes de su concepción.

39. «Samenbanken-Gefährliche Spende», *Der Spiegel*, nº 34, 1997, pág. 159.

Secuelas colaterales de la optimización

Cuestión distinta es, evidentemente, la de si los procedimientos de optimización y selección, disponibles gracias a las técnicas médicas actuales, sirven por un lado al bien del niño y por otro son también compaginables con los intereses y derechos de otras personas. Si intentamos proyectar y organizar la constitución biológica de nuestros hijos como algo libre, todo lo posible, de defectos, ¿de qué manera puede cambiar esto nuestro trato con ellos? ¿Cómo reaccionaremos en el caso de que se desarrollen de un modo diferente a lo que correspondería al ideal proyectado, si, pese a lo óptima que pueda ser la planificación hecha, su rendimiento no es el óptimo? Y, sobrepasados como están por toda esa complejidad de las informaciones médicas, por la autoridad del saber médico, por el anonimato de la moderna tecnología médica, ¿cómo van a obrar los padres en ciernes de una forma «autónoma», «libre» y «responsable», cómo se las van a arreglar con esa caótica oferta de las nuevas posibilidades de actuación y con todos los dilemas, imperativos y conflictos en la decisión que conllevan? Y, finalmente, ¿cómo va a cambiar la sociedad si cada vez se organiza más tecnológicamente el trato con la salud, con la enfermedad o con la discapacidad? ¿Qué será del mandamiento de la solidaridad social si «evitar» lo débil, las desviaciones o las anomalías se convierte en la máxima de actuación suprema? ¿Una sociedad lo más libre posible de defectos no será, en definitiva, una sociedad alejada de la solidaridad?

Todas éstas son preguntas que, desde que la tecnología se desarrolló con tanta rapidez, son objeto de discusiones vehementes. Desde entonces, su tema esencial tiene que ver con las posibilidades de actuación que la tecnología conlleva. Ocupan cada vez más el campo de atención —en la ciencia y en la política, en los medios y en la opinión pública— las llamadas «secuelas colaterales» de la técnica. Se buscan regulaciones para reconducir la desenfrenada difusión de los nuevos procedimientos, para encauzar su aplicación y uso social por unas vías socialmente admisibles, y también —y esto no es lo menos importante— para reconocer los intereses diferentes y los posibles conflictos de intereses entre los distintos grupos, protegiendo si es necesario los derechos de los grupos más débiles. Del resultado de este diálogo público sobre las consecuencias y los riesgos colaterales dependerá no poco hasta dónde se impondrá esa «optimización genética» de la descendencia.

4. ¿Qué futuro?

Muchas de las intervenciones técnicas descritas son practicadas diariamente en Alemania, pero otras no están permitidas aquí, aunque sí, y de forma masiva, en otros países. Estamos familiarizados con muchos de los ejemplos, mientras que otros puede que nos parezcan lejanos y hasta exóticos. De una forma u otra, en conjunto se echa de ver el siguiente estado de cosas: las nuevas tecnologías proporcionan cada vez más posibilidades para una «construcción» intencionada de la paternidad. La «herencia programada» (Bräutigam y Mettler, 1985) está, en sus planteamientos, al alcance de la mano, el «ser humano a medida» (Daele, 1985) se ha convertido en la visión de un futuro posible. «La biología moderna hace que características de la naturaleza humana que hasta el momento constituían fronteras y puntos de referencia de la actuación técnica se conviertan ahora en objetos de esa actuación [...]. La naturaleza humana se vuelve, bajo el influjo de la ciencia y la tecnología, contingente, es decir, puede ser también otra distinta de lo que es en el presente. Con ello, es capaz de tomar decisiones y necesita hacerlo. Hasta la renuncia a toda clase de intervención técnica aparecerá como un acto consciente de producción de la propia naturaleza humana.»[40]

En estas circunstancias, la paternidad constituye, menos que nunca, una actitud natural. En los tiempos modernos la paternidad está, más bien, circundada de teorías, rodeada de expertos, ampliada con las nuevas posibilidades de selección que proporciona la técnica. Por consiguiente, la paternidad se convierte, cada vez más, en un proyecto de planificación, en objeto de múltiples esfuerzos e intentos de optimización, y al hijo aún no nacido se le hace objeto, antes que nada, de una serie de procedimientos mediadores: «Antes de que se desarrollaran los procedimientos de la prueba prenatal [...] se partía del supuesto, natural (siempre que no hubiera síntomas de enfermedad), de la salud del feto. Con la llegada de las pruebas prenatales comienza a experimentar un vuelco radical ese supuesto fundamental, y ahora la salud o la normalidad del feto es algo que tiene que ser previamente demostrado».[41] Hoy en día, nadie puede decir con seguridad si se utiliza todo lo que actualmente es técnicamente posible o si se utiliza-

40. Daele, 1985, pág. 11 y sigs.
41. Theresa Marteau, citada por Boston, 1994, pág. 119.

rá todo lo que sea posible mañana, si esta tendencia al perfeccionamiento genético de la descendencia se impondrá sin freno alguno o bien si, en un futuro previsible, seguirá habiendo barreras. Aparte del desarrollo de las técnicas, hay también otros factores que desempeñan aquí un papel, como las regulaciones jurídicas, las estimulaciones o sanciones políticas, los condicionamientos económicos y los patrones culturales. Pero hay multitud de signos de que con el conjunto de las posibilidades técnicas de intervención se ha inaugurado un gobierno humano en la marcha de la naturaleza «que cambia el concepto de "paternidad": a medida que se amplían las posibilidades tecnológicas, se amplía la concepción de la responsabilidad de los padres en la vida que va surgiendo».[42] Si este pronóstico es correcto, los padres del futuro se verán confrontados con un tipo de cuestiones, un peso de su actuación y una necesidad de decisión completamente nuevos.

42. Hoffmann-Riem, 1988, pág. 40.

CAPÍTULO VI

De camino hacia la familia multicultural[1]

1. Un problema de ordenación de la sociedad

En los teatros de Nueva York apenas se ve a espectadores negros, hay pocos papeles para negros, pocos dramaturgos negros. Una excepción la constituye el dramaturgo August Wilson, hijo de piel clara de una mujer negra y un panadero germano-estadounidense. Con un discurso fulminante, pronunciado hace poco, agarró por los cuernos el tema de las relaciones de poder cultural que imperan en Estados Unidos, y su conclusión, en tono provocativo, es la siguiente: en una sociedad dominada por blancos, el Estados Unidos negro necesita tener su propio teatro. En la vivaz polémica pública que esto

1. El presente capítulo se basa en el trabajo «Schwarze Juden und griechische Deutsche. Ethnische Zuordnung im Zeitalter der Globalisierung» (Beck-Gernsheim, 1998). Ha sido abreviado en algunas partes y ampliado en otras para adaptarse a la finalidad de este libro.

suscitó una mujer pidió la palabra: «Yo soy medio de Bali, medio de Irlanda. Mi abuela es originaria de Filipinas y mi abuelo de Polonia. Crecí en Texas y ahora vivo en Nueva York. ¿Qué teatro propone usted para mí?».[2]

Esta historia resulta sintomática en más de un aspecto. Por un lado, en el curso de los últimos decenios y, sobre todo, de los últimos años, se ha incrementado considerablemente el número de las uniones de carácter binacional y bicultural, tanto en Estados Unidos o en Alemania como en otros países. Es decir, que cada vez hay más parejas cuyos miembros se diferencian claramente por su origen, sea por la nacionalidad, el ámbito cultural, la religión o el color de la piel. Con tales parejas y sobre todo, naturalmente, con sus hijos, crece el número de personas que ya han dejado de encajar en las categorías transmitidas tanto a nuestra conciencia como a los supuestos oficiales («negros», «italianos», «judíos»), porque ellas no son ya nada de eso o, más bien, varias cosas a la vez: ¿dónde incluir al judío negro de abuela italiana, cómo llamarlo?

También antes había personas así, a medio camino entre distintas categorías clasificatorias, si bien en un número más reducido que hoy. Pero lo nuevo y característico de los tiempos actuales es, más allá del desarrollo de índole cuantitativa, también un factor cualitativo: mientras que antes para los hijos que procedían de tales familias no había, con frecuencia, más que una posibilidad —la pertenencia exclusiva a una parte de su origen y

2. Véase, sobre este punto, Vera Graaf, «Die Außenhaut des Theaters. Ein New Yorker Streit über die Rassentrennung im Drama», *Süddeutsche Zeitung,* 14 de febrero de 1997, pág. 11.

la renuncia, con ello, a la otra parte, olvidándola y, no pocas veces, silenciándola a sabiendas—, justamente en este punto se ha abierto paso, en los últimos años, un claro cambio en la conciencia de la gente. Desde Estados Unidos, país que siempre ha gustado de entenderse a sí mismo como un «crisol» (hasta qué punto esto haya sido verdad es otra cuestión), se informa de un nuevo tipo de evolución: cada vez hay más personas que no quieren quedar fijadas únicamente a uno de los lados de su procedencia[3] (movimientos similares los encontramos también en otros países, y no menos en Alemania).[4] En vez de aquellos angustiosos intentos de acomodación, nos encontramos aquí, pues, con un proyecto autoconsciente y positivo: estas personas reivindican una identidad que entrañe, igualmente, los dos lados, no uno solo a costa de la exclusión del otro. Entienden su identidad como bicultural o, incluso, multicultural, y se ven a sí mismos como «judíos negros», «japoneses norteamericanos» y hasta «afroalemanes». El lema aquí es: «[...] Yo no tengo que decidir en un sentido u otro, soy las dos cosas [...]»[5] o, de una forma más acentuada: «Yo no soy ni negro ni blanco, ¡soy una mezcolanza!».[6]

Desarrollos como los nombrados hasta ahora —incremento de las uniones binacionales o biculturales, puntos de partida de una identidad binacional o bicul-

3. Spickard, 1989; Rosenblatt, Karis y Powell, 1995, por ejemplo pág. 142 y pág. 203 y sigs.; Tizard y Phoenix, 1993, pág. 3 y sigs. y pág. 46 y sigs.

4. Oguntoye, Opitz y Schultz, 1992.

5. Teo, 1994.

6. J. Schuhler, «Ich bin weder schwarz noch weiß, ich bin kunterbunt. Portrait über Amadeo Richardson», *BR-Fernsehproduktion*, 1992.

tural— no pertenecen únicamente al ámbito de las decisiones privadas. Entrañan, más bien, una fuerte explosividad social. Pues entre las particularidades de los modernos Estados nacionales se cuenta la de requerir continuamente al individuo una pertenencia a una nacionalidad o a un determinado origen étnico. La cuestión de la nacionalidad nos acompaña de por vida, y las respuestas que se esperan son respuestas sencillas, institucionalmente elaborables y de cuyo contenido luego depende qué cantidad de derechos, deberes o reivindicaciones nos compete (trátese del servicio militar, del permiso de trabajo o del derecho de residencia). La diferenciación jurídica entre los miembros de una comunidad y los ajenos a ella no es, por tanto, una categoría neutral, sino que sirve tanto para participar como para ser excluido en relación con determinados recursos sociales. De lo que se trata es de saber quién está legítimamente «dentro» y quién está «fuera» respecto a tales prestaciones. O como lo expresa Habermas: la condición de miembro interno se considera el «fundamento para la asignación y materialización de posiciones jurídicas que constituyen, en conjunto, el estatus de un ciudadano en el sentido de la ciudadanía».[7]

Visto así, es evidente que aquellos que traspasan los límites de la pertenencia nacional o cultural representan, por el mero hecho de existir, un problema de ordenación de la sociedad. Son el factor perturbador del engranaje social, ya que no pueden ser clasificados, sin más, sirviéndose de las categorías usuales, sencillas y evidentes. No tienen —en un sentido, no pocas veces literal— «derecho de paso». Su existencia es (tanto para

7. Habermas, 1992, pág. 151 y sig.

la pretensión de dominio del Estado como a la vista del ciudadano normal) ambigua y chirriante, por no tacharla de dudosa y sospechosa. Las preguntas que aquí, inevitablemente, se plantean son las siguientes: ¿dónde está el lugar social, político, jurídico de aquellas personas que no encajan en las categorías tradicionales de pertenencia inequívoca?, ¿cómo debe proceder con ellas la sociedad?, ¿cómo quieren ellas verse a sí mismas, cómo quieren verlas los otros, cómo se ha de entender su identidad?, ¿deben ser ellas mismas las que determinen su pertenencia a una sociedad, o bien es la sociedad la que tiene, aquí, el derecho de decidir?, ¿qué reglas de ordenación son posibles, cuáles de ellas son prácticas, cuáles políticamente deseables?, ¿qué conflictos pueden surgir cuando se elige esta o aquella interpretación, y cómo han de ser, a su vez, regulados?

He aquí las preguntas fundamentales (lo actuales que puedan ser, a qué carga explosiva puedan servir, en el ámbito político, de detonante se hace visible, entre otras cosas, en las discusiones en torno a la doble nacionalidad). Distintas sociedades han intentado encontrar sus respuestas. Apuntemos, de todo el espectro de posibilidades, únicamente dos de ellas: por un lado, la sociedad puede intentar incluir en una categoría unívoca, mediante un decreto o una decisión estatal, a aquellas personas que, por su origen o familia, no concuerdan con las inequívocas categorías tradicionales. O bien la sociedad puede intentar encontrar, para estos grupos de personas, nuevas categorías que señalen explícitamente ese estatus intermedio, continuando la clasificación y diferenciación, eventualmente, por medio de cuidadosas distinciones. Hay ejemplos históricos que ilustran ambos intentos, y expondré a continuación dos de ellos. Uno y otro pueden entenderse, en el ámbito teórico, como construcciones sociales, las cuales, por razones evidentes —en el empeño de aprisionar en un esquema de orden la recalcitrante realidad—, generan sus propias paradojas, contradicciones y sinsentidos, con consecuencias a veces cómicas, a veces incluso terribles, para los afectados. Esto también me gustaría mostrarlo en las páginas que siguen.

Con ello embarco a los lectores en un viaje sorprendente y puede que, al principio, hasta irritante. Antes de llegar al desarrollo actual de la cuestión, veamos detenidamente dos constelaciones del pasado que luego, poco a poco, llevarán hasta la época presente. ¿Por qué hago esto? Muy sencillo: para que paulatinamente surja —de toda esa multitud de materiales, historias y destinos— una imagen del tema de las capas sociales que integran la familia multicultural, cómo van vinculadas al mismo una serie de dimensiones biográficas, sociales y políticas, y también las ofuscaciones, los errores y embrollos de la época correspondiente, y cómo las huellas de ayer siguen dejando su impronta, una y otra vez, hasta en los tiempos actuales.

2. Por ejemplo, en Estados Unidos, ¿quién es un negro?[8]

En Estados Unidos los matrimonios entre negros y blancos no sólo estuvieron durante mucho tiempo socialmente proscritos, sino, en la mayoría de los Estados,

8. Para lo que sigue véase, por ejemplo, Davis, 1991, así como Spickard, 1989.

hasta estuvieron prohibidos por las leyes. No obstante, en el transcurso de los siglos se producían, una y otra vez, uniones entre negros y blancos, de las cuales también vinieron hijos. Como escribe el historiador Spickard, durante la época de la esclavitud tuvieron lugar unas pocas uniones oficiales entre negros y blancos; por lo demás, lo común eran, sobre todo, distintas formas de concubinato, como también de relaciones sexuales forzadas (por ejemplo, entre el propietario blanco de la plantación y la esclava negra). El modelo de las relaciones sexuales entre blancos y negros estaba, pues, condicionado, en gran parte, por las relaciones jerárquicas de poder entre estos grupos.[9]

A causa de esta historia, hay —especialmente entre la población negra, pero también en la blanca— un número considerable de personas con antepasados del «otro» color de piel. Mientras se mantuvo vigente una abierta discriminación racial, en multitud de planos de la vida cotidiana estaba continuamente presente la cuestión (que, incluso hoy, está aún lejos de haber desaparecido totalmente, si bien ha adoptado formas más sutiles) acerca de qué actitud debía tener la sociedad con ese grupo. ¿Cómo ha de ser clasificado, desde el punto de vista jurídico y social, y qué reacciones suscitará en su entorno? ¿En qué escuelas les está permitido estudiar a esas personas, qué hoteles y restaurantes podrán frecuentar, en qué clubs se les podrá admitir y —no menos importante— con quién les será lícito casarse?

9. Spickard, 1989, pág. 235 y sig.

Intentos de poner orden

En los censos oficiales de la población del siglo XIX y principios del XX se intentó abordar ese problema fundamental de la clasificación echando mano de las diferenciaciones correspondientes. Sin embargo, los procedimientos empleados siguieron siendo arbitrarios y toscos, no pudiendo captar más que superficialmente el carácter complicado de las relaciones, de modo que debemos recelar de los resultados de aquellos censos. Spickard ha descrito el carácter azaroso y asistemático de aquellos procesos de cálculo demográfico.[10]

Las autoridades encargadas del censo de la población incrementaron tanto el número de negros como el de mulatos. Los encargados del censo de 1850 y 1860 no recibieron instrucción alguna sobre cómo debían decidir si una persona era o no mulata. Seguramente se limitaban a clasificar la población por el color de la piel y los rasgos faciales, combinándolo con otras informaciones que eventualmente pudieran recibir. En 1870, 1910 y 1920 los censistas oficiales recibieron instrucciones de designar como «negros» a todas las personas de origen exclusivamente negro y como «mulatos» a quienes tuvieran, en parte, antepasados blancos. En 1890, esas vagas instrucciones habían sido sustituidas, por poco tiempo, por criterios más precisos. En aquel año fueron clasificados como «negros» quienes tenían de tres a cinco octavas partes de antepasados negros; y para aquellos que presentaban menos antepasados de origen africano fueron introducidos los conceptos de un «cuarto de mulato» o un «octavo de mulato». El pro-

10. *Ibid.*, pág. 433.

blema era, naturalmente, que los encargados del censo raramente tenían informaciones suficientes sobre la historia familiar de los censados como para poder establecer todas esas gradaciones en la clasificación. El resultado fue que incluso el informe oficial de este censo de 1890 tuvo que constatar: «Estas cifras sólo tienen un valor muy pequeño».

La identificación era aún más difícil en la vida cotidiana, donde las relaciones consisten, con frecuencia, en contactos fugaces y anónimos. En estas condiciones, no queda tiempo alguno para estudiar la historia familiar de cada cual ni llevar a la práctica distinciones complicadas. Aquí, por lo regular, hay que cortar por lo sano, procediendo según las reglas más sencillas posibles. En muchos enclaves sociales (y, especialmente, en aquellos que se consideran exclusivos), el lema que predominaba en los tiempos de la abierta discriminación racial era el de *whites only* [«blancos solamente»], el cual se interpretaba de una forma tan simple como restrictiva: la regla que los blancos intentaban imponer era la de que todas las personas que tuvieran aunque sólo fuera una «gota de sangre negra» eran negros. En consecuencia, sólo se admitía a quienes eran «totalmente blancos» (o, al menos, así lo parecían a primera vista). Quien, en cambio, hubiera tenido también antepasados negros, por muy lejos que estuvieran en su árbol genealógico (en cuanto esto pudiera apreciarse en el exterior de la persona o bien fuera conocido por otros conductos), tenía que abstenerse de entrar en tales círculos. *Whites only* quería decir, para personas así, *Off limits* [«acceso prohibido»].

Pero ¿cómo había que proceder cuando no se trataba de encuentros fugaces, sino de vinculaciones de más tiempo, e incluso de por vida, como es el caso del matrimonio? Dado que, según el pensamiento de entonces, aquí entraban en juego intereses públicos, el Estado se reservaba, en tal caso, el poder de decisión. Como ya hemos dicho, los matrimonios entre negros y blancos estaban, frecuentemente, prohibidos (las últimas leyes de este tipo no fueron derogadas hasta 1967),[11] cosa que en los casos imprevistos y dudosos suscita de nuevo la cuestión de quién era o no negro o había que considerarlo como tal. Para responder a esta pregunta, en algunos Estados se arbitraron reglas interpretativas y patrones de medición. También éstas representaban, en el fondo, una continuación de aquella regla simbólica según la cual una sola «gota de sangre negra» era suficiente para tildar a una persona de negra, y es especialmente interesante comprobar hasta dónde se intentaba remontar siguiendo la huella de esa gota de sangre negra, y cómo distintos Estados llegaron, en este punto, a determinaciones diferentes. En un Estado claramente «más liberal» como Oregón se llega, en las pesquisas, únicamente hasta los abuelos, siendo por tanto negro quien tenía, al menos, un abuelo negro. En cambio, en Louisiana y Carolina del Norte se retrocedía, en la búsqueda, hasta dos generaciones más atrás, siendo entonces negro quien había tenido un tatarabuelo negro (o una tatarabuela negra).[12] Apenas sorprende el hecho de que, donde las pesquisas se remontaban a un pasado tan lejano, estas reglas fueran, en la práctica, poco utilizables, razón por la cual el resultado era, con frecuencia, totalmente arbitrario y casual.

11. *Ibid.*, pág. 374.
12. *Ibid.*, pág. 375.

Confusión, contradicciones, paradojas

Después de lo dicho apenas podrá sorprender que el intento de resolver el problema de clasificación planteado por las familias mixtas mediante unas reglas de interpretación aparentemente claras a menudo produjese, en la práctica, más confusión que orden. Y esto no sólo por ser absurdo un procedimiento que juzga al conjunto de los antepasados de una persona por la presencia de una única «gota de sangre negra»; también, además, porque en esas pesquisas de las huellas del pasado con mucha frecuencia faltan indicaciones fiables, lo cual da lugar luego tanto a fantasías como a todo tipo de rumores. Ciertamente, aquí intervienen, y plenamente —cosa que enseguida se pasa por alto—, las leyes de la biología y la genética; más exactamente, aquel principio de la distribución al azar tal como lo describe Mendel en su teoría de la herencia (recordemos: las flores rojas, blancas y rosadas). Dice ese principio, reducido aquí a su núcleo más relevante, que en familias mixtas con antepasados tanto negros como blancos el hecho de que el color de la piel de un hijo en concreto tenga una u otra pigmentación puede equipararse, frecuentemente, a un juego de lotería. Y esto también implica que en familias así los hermanos —es decir, los que tienen los mismos padres— puedan diferir en su aspecto externo hasta el punto, en un caso extremo, de no parecer ni hermanos.

Ahora bien, si el color de la piel funciona como un criterio central para la adjudicación de una serie de posibilidades vitales y depende, en parte, del azar natural; si, por ello, en bastantes casos alguien tiene una apariencia externa distinta de lo que correspondería según la designación oficial, entonces es natural que más de un afectado intentara utilizar activamente las lagunas y contradicciones existentes en este sistema de ordenación dominante, intentando, pues, burlar esa clasificación oficial de la población y zafarse de la discriminación. Es, de hecho, lo que ha sucedido. Había casos (cuántos es imposible saberlo, claro está) en los que personas con un origen mezclado y que tenían un color claro de piel dejaban el entorno que los conocía para vivir como «blancos» en un ambiente nuevo. Para designar este comportamiento se acuñó la expresión *passing*, esto es, «pasar por blanco», «presentarse como blanco». A causa del dramatismo que se le atribuyó, el tema del *passing* ha dado alas tanto a multitud de fantasías como de angustias (por mucho que en la realidad ocurriera más bien pocas veces) e incluso suministró material para muchas novelas, películas y series televisivas. El estudioso de la literatura Henry Louis Gates, procedente de una familia mixta predominantemente «negra», ha relatado en su autobiografía cómo vivió de niño esas escenas televisivas, las emociones y los llantos que provocaban entre los espectadores negros.[13] El historiador Spickard ha descrito un conjunto de constelaciones típicas y de formas de discurrir del *passing*, y también —cosa que no es menos importante— el precio que los afectados tenían que pagar por ello.[14]

13. Gates, 1995, pág. 23 y sig.

14. Spickard, 1989, págs. 333-336; véase también Rogge, 1965.

Por qué surgen hoy nuevas controversias

Con la derogación de la abierta discriminación racial y a medida que crece la autoconciencia de la población negra, estas formas de pasarse al ámbito de los que tienen un color blanco de piel y a sus privilegios se han hecho, claramente, más raras. Entretanto, se habría dado —o al menos así se dice— el caso contrario, el paso de blanco a negro. Así, por ejemplo, en una ciudad californiana se convirtió en objeto de controversias públicas si era verdad o no lo que un político afirmara sobre su competidor: que éste había dirigido la lucha electoral con una falsa etiqueta, presentándose como negro, cuando en realidad era blanco, a fin de cosechar una serie de ventajas políticas.[15]

¿Qué hay aquí de verdad y qué de leyenda, qué de falsa acusación o de oportunismo político? Acaso los dos lados tuvieran razón, según se midiera o no la categoría de blanco o negro no por el color de la piel, sino por la pertenencia a esa comunidad. Acaso esta historia suene un poco a sospechosa. Pero quizá se tome también aquí la regla de la «gota de sangre negra» al pie de la letra. ¿Y cuántas sospechas e inculpaciones no habría entonces, si bien en sentido contrario al de esta historia, para liquidar políticamente y desacreditar socialmente a un «blanco» señalando algún antepasado negro (real o inventado)?

Una cosa, al menos, se hace evidente en este caso: el intento de solucionar el problema clasificatorio de la pertenencia de la población a una o a otra etnia puede desembocar en un laberinto de errores y confusiones, ocultamientos y mutuas acusaciones. Y todo esto porque

15. *International Herald Tribune*, 26 de abril de 1984.

la pertenencia a un grupo social no es algo de valor neutro, sino que decide, más bien, sobre un conjunto de posibilidades vitales y privilegios y, en caso de ser adscrito a una categoría socialmente proscrita, reporta humillaciones, segregaciones, persecuciones. También se hace patente que lo que constituye la categoría «falsa» o la «correcta» es algo *construido* por la propia sociedad porque depende del clima social y la coyuntura política. Mientras que en la época de la esclavitud el color negro de la piel era sinónimo de explotación brutal y servidumbre, en una época como la nuestra, de nuevas regulaciones jurídicas y de mayor conciencia de los propios grupos minoritarios, ocasionalmente puede llegar a reportar beneficios, es decir, abrir el acceso a determinados recursos (por ejemplo, en el ámbito de la educación, del mercado laboral o en la obtención de una vivienda). Donde esto sucede —como era el caso, por lo menos en principio, en los programas de «Affirmative Action» de Estados Unidos, llamados a acabar con la discriminación racial dominante—, entonces hasta las cartas del juego étnico se barajan de una forma nueva. Se llega a «construcciones políticas de etnicidad» que no se basan ya —y, si lo hacen, sólo parcialmente— en el origen, sino que más bien surgen de la «competencia por conseguir las mismas posibilidades de vida».[16] Dicho de otro modo: que una persona oculte o, al contrario, divulgue y subraye la existencia de una abuela negra (o india, o judía) no es un asunto que tenga que ver solamente con las preferencias o las neurosis personales, sino sobre todo con las circunstancias políticas, el fomento o la discriminación de las minorías; en

16. Neckel, 1997.

pocas palabras, con las sanciones, positivas o negativas, vinculadas con los antepasados de determinado origen.

3. De la historia del nacionalsocialismo: ¿quién es judío?

Cuando los nacionalsocialistas llegaron en 1933 al poder, empezaron a llevar a la práctica inmediatamente lo que habían anunciado en sus escritos. Comenzaba el programa de privación de derechos, segregación y persecución de los judíos.[17] El aumento de medidas tomadas para expulsar a los judíos del «cuerpo del pueblo alemán» y hacer así de Alemania un país «libre de judíos» abarcaba la prohibición de tener animales domésticos, usar bibliotecas públicas, sentarse en los bancos de los parques, ir al cine o al teatro, así como la prohibición de ejercer una profesión, la exclusión de los cargos públicos o incautación de sus bienes, hasta su arresto, deportación y aniquilamiento.

Pero también aquí se planteó, una vez más, el problema de la clasificación de la población. Estados Unidos, en su programa de discriminación racial, que resaltaba las diferencias entre blancos y negros, aún podía recurrir, pese a todo, al criterio visible del color de la piel (si bien, como vimos en el epígrafe anterior, el criterio era, en la práctica, todo menos claro y más bien llevaba a interpretaciones de signo contrario). Sin embargo, en la cuestión de decidir quién era judío no se contaba ni siquiera con esto. La situación era, en este caso, sumamente complicada.

17. Véase, para este punto, Walk, 1981; Rosenstrauch, 1988.

Después de que a los judíos se les impusiera, durante siglos, multitud de barreras a su libertad, en el transcurso del siglo XIX se les había concedido, al fin, mediante distintas actas de emancipación, los derechos civiles y de ciudadanía. Es verdad que siguió habiendo en múltiples facetas una discriminación y no pocos prejuicios, pero, con todo, se hizo posible que a principios del siglo XX cada vez más judíos llevaran en Alemania una vida que apenas podía distinguirse de la de sus vecinos no judíos.[18] Muchas familias judías se alejaron de la tradición judía y de sus costumbres. Un número creciente de judíos se distanció igualmente de la religión judía. Algunos de ellos vivían como «judíos de tres días» —así se les llamaba, irónicamente— porque únicamente visitaban la sinagoga en las tres fiestas principales del año judío; otros abandonaron la comunidad judía y se convirtieron al cristianismo, mientras que otros, a su vez, practicaban una simbiosis manteniendo las fiestas judías y, además, celebrando la Pascua cristiana y la Navidad. Algunos se unieron aún más estrechamente con su entorno no judío al casarse con gentiles y fundar con ellos familias «mixtas». Y sin importar si todavía seguían practicando la religión judía o sólo pertenecían en lo externo a la comunidad judía, o bien se habían alejado abiertamente de ella, para la mayoría de estas personas resultaba obvio verse como alemanes e identificarse con Alemania. En cambio, veían menos cosas en común —y hasta mantenían ante ellos las distancias y la desconfianza— con los judíos procedentes de Europa del Este, que a principios del siglo XX

18. Veáse, al respecto, colaboraciones de diversos autores en Schultz, 1986.

habían comenzado a emigrar, en mayor número, a Alemania. Ellos, los judíos alemanes eran, por encima de todo, alemanes, y sólo en segundo término judíos (lo cual hallaba expresión, de forma sintomática, en la denominación de su agrupación oficial, llamada Asociación central de ciudadanos alemanes de confesión judía).

Ésa era la situación con la que se toparon los nacionalsocialistas. El problema, desde su perspectiva, era el siguiente: ¿cómo se podía dar marcha atrás a la asimilación y convertir a aquellas personas que se habían hecho tan semejantes en gente de nuevo diferente, cómo distinguirlas de las otras? La estrategia que adoptaron presentaba dos aspectos. Por un lado, se escenificó una serie de costosas medidas propagandísticas, las cuales —construyendo una imagen distorsionada de lo que era «el» judío e intentando presentarlo como un parásito y un zángano que vegetaba en el cuerpo del pueblo alemán— lo consideraban «extranjero» y «distinto». Al mismo tiempo, como describimos anteriormente, se comenzó de inmediato con la implantación de un derecho especial para judíos, lo cual no significaba sino que eran privados de sus derechos y, en definitiva, expulsados del cuerpo social.

Gradaciones de la segregación

Pero el problema seguía en pie: ¿cómo se había de proceder con las familias «mixtas», con el número considerable de uniones entre personas de origen judío y no judío que habían ido creciendo juntas en virtud del afecto y la comunidad de cada día, del matrimonio y los hijos? Desde una perspectiva nacionalsocialista, justamente este grupo tenía que representar un foco especial de peligros, una fuente de «intoxicación del pueblo», por lo que no sorprende que los nuevos capitostes echaran mano rápidamente de un conjunto de medidas que iban dirigidas, explícitamente, contra este grupo de población e intentaban incluso disolverlo. Por un lado, se hizo presión sobre los cónyuges no judíos de esas uniones para que solicitasen el divorcio y acabaran así con su matrimonio (cosa que hicieron algunos, pero muchos otros no). Y, sobre todo, se puso todo el empeño posible en impedir que se realizaran más uniones de este tipo. Con la Ley de protección de la sangre alemana y del matrimonio alemán, promulgada el 19 de septiembre de 1935, se dispuso lo siguiente:

1. Quedan prohibidos los matrimonios entre judíos y ciudadanos alemanes o personas de sangre alemana. Los contratos matrimoniales de este tipo contraídos en contra de esta disposición son nulos.
2. Quedan prohibidas las relaciones extramatrimoniales entre judíos y ciudadanos alemanes o personas de sangre alemana.

Pero quedaban los matrimonios que habían sido contraídos ya antes y que seguían en pie, y, sobre todo, quedaban los hijos de tales uniones. Éstos representaban un obstáculo masivo para la finalidad declarada de los nacionalsocialistas de separar a los judíos y a los alemanes. Los nuevos señores se pusieron enseguida a abordar este problema. Concibieron un complicado sistema de clasificación para calibrar quién tenía antepasados judíos y cuántos, quién era judío o debía ser considerado judío. Eran distintas gradaciones de la segregación, hechas de una forma metódica, sistemática, burocrática. Era definido como judío «quien, al menos, procediese de tres abuelos de raza totalmente judía, considerándose plenamente judío al perteneciente a la comunidad de religión judía». Después había (por mencionar sólo los más importantes de los nuevos criterios implantados) «judíos de acepción» y «judíos de creencia», «simples matrimonios mixtos» y «matrimonios mixtos privilegiados», «mestizos de primer grado» y «mestizos de segundo grado».

A esto hay que añadir una serie de disposiciones complementarias, que hacían depender la inclusión en una u otra categoría de otros criterios bien detallados (que consideraban hasta el estado de salud del cónyuge o incluso el lugar de residencia de los hijos).[19] Teniendo en cuenta que una red tan complicada de criterios apenas era utilizable en aquellas situaciones cotidianas que piden una rápida identificación; y, además, que las características del aspecto externo de una persona apenas proporcionaban una claridad suficiente, ya que con frecuencia, los judíos no parecían tan «judíos», mientras que los no judíos no siempre parecían tan «arios» y «nórdicos» como gustaba de pintarlos la ideología nacionalsocialista; la consecuencia de todo esto fue que, para regular las situaciones cotidianas, había que

19. Si en un «matrimonio mixto privilegiado» moría el cónyuge «ario», con él desaparecían para el superviviente los restos de protección que le quedaban. Si los hijos procedentes de un «matrimonio mixto privilegiado» dejaban Alemania y se marchaban al extranjero como emigrantes, el matrimonio de los padres no era ya un «matrimonio mixto privilegiado», sino que pasaba a convertirse en un «simple matrimonio mixto».

arbitrar algunos distintivos que hiciesen reconocible, a simple vista, que la persona en cuestión era un miembro del grupo de los «otros», esto es, que se trataba de un judío. Razón por la que se introdujo la prescripción de que todos aquellos hombres y mujeres que no tenían un apellido visiblemente «judío» tuvieran que añadir, en todos los documentos oficiales, un nombre propio típicamente judío (por ejemplo, Walter Mayer se convertía en Walter «Israel» Mayer, Anna Binder en Anna «Sara» Binder). Aparte de esto, en sus documentos de identidad y cartillas de alimentación se estampaba una gran «J». Y a fin de que ni siquiera en el contacto más fugaz hubiera lugar para malentendidos, los judíos (o, más exactamente, la mayor parte de ellos, los cuales, según el sistema de reglas elaborado, eran considerados judíos) eran forzados a llevar, en un lugar bien visible y determinado de antemano, una marca, la llamada «estrella judía».

El decreto del 1 de septiembre de 1941 decía: «A partir del 15 de septiembre de 1941 queda prohibido a los judíos que hayan cumplido su sexto año de vida presentarse en público sin una estrella judía [...]. Esto no vale para los cónyuges judíos que vivan en matrimonios mixtos, siempre que ese matrimonio tenga descendientes que no hayan de ser considerados judíos o bien su único hijo haya caído en la guerra; tampoco vale para una esposa judía en un matrimonio mixto sin hijos mientras dure el matrimonio».

En el laberinto de los abuelos «verdaderos» y los «falsos»[20]

El sistema de reglas descrito pretendía ser sistemáticamente preciso. De hecho, no obstante, era complicado y contradictorio, ya que aumentaba los criterios biológicos y sociales: por un lado, hacía referencia al origen y a un postulado de «raza», pero, a continuación, veía la raza consolidada por la pertenencia a la religión correspondiente, haciendo también referencia, en otras diferenciaciones, a la pertenencia a un determinado sexo, estado familiar y circunstancias vitales de los distintos miembros de la familia, mientras que en la vida cotidiana se procedía con frecuencia «según las apariencias», tratando de clasificar a las personas por su aspecto externo.

Un sistema de clasificación así estaba predestinado a provocar multitud de errores y confusiones (que según la clasificación que implicasen podían tanto poner en peligro la existencia como también salvar la vida). Quedaba un espacio libre para toda clase de suspicacias, habladurías o rumores con los que —gracias, en parte, a adscripciones acrobáticas— se propagaba la sospecha de que alguien tenía origen judío.[21] Y, al contrario, se

20. Este epígrafe es una alusión a la famosa novela de Ilse Aichinger, *Die größere Hoffnung* (Aichinger, 1976). Su protagonista, la joven Ellen, desciende del matrimonio de una judía y de un ario; es, por tanto, «una hija inútil. Su madre ha emigrado y su padre se ha acoplado a las circunstancias. Y cuando se encuentra con el padre, a ella no le está permitido hablar de la madre [...]. Y, en el tema de los abuelos, también hay algo que chirría: dos de ellos son verdaderos, los otros dos falsos» (pág. 34 y sig.).

21. Así, por ejemplo, el poeta Gottfried Benn fue acusado de ser judío porque un colega suyo vio en su apellido una expresión

dieron también errores y fallos en las autoridades burocráticas encargadas de la clasificación, se pasaron por alto, en familias «mixtas», antepasados judíos y los documentos del «fichero de judíos y mestizos» no eran siempre completos.[22] Y hay una serie reiterada de relatos sobre situaciones cotidianas donde la adscripción según las apariencias resultó engañosa y la persona que aparecía como un prototipo de la raza nórdica tenía, de hecho, otros antepasados.

> Un día tuvo lugar, en la hora de inglés, un examen previo de este tipo. Yo era muy buena en la materia y, frecuentemente, «me tocaba» responder a mí. En la subsiguiente charla de profesores preguntó el funcionario del Ministerio [a la profesora] quién «era aquella muchacha, aquel prototipo de la raza aria». «La única *medio judía* de la clase», contestó ella con gran regocijo.[23]

«Yo me enamoré de la muchacha que después se iba a convertir en mi primera esposa. Tenía el cabello níveo y la piel ligeramente pecosa de las auténticas pelirrojas, una diminuta naricita respingona y una grande y hermosa boca con una dentadura sin mácula. La muchacha, de 18 años, provenía de Graz y hablaba un dialecto muy parecido al mío. Llevaba un vestido típicamente austríaco, el llamado Dirndl, que le sentaba de maravilla.» Y luego se comprobó que «era una judía total y de

---

judía de denotación del parentesco. Véase, sobre esto, Brückner, 1980, pág. 120.

22. Véase, sobre este punto, por ejemplo, Braach, 1994, pág. 141; Brückner, 1980, pág. 122; Hecht, 1984, pág. 148.

23. Hecht, 1984, pág. 53.

fe judaica, que su origen de Estiria no era inmaculado y que su padre era un judío oriental emigrado», en pocas palabras, que era una «judía que hablaba un dialecto alemán y que habría hecho un papel inmejorable como modelo propagandístico en pro de la emigración de la gente de la "Marca Oriental"».[24]

Dado que, por una parte, el sistema de clasificación de los nacionalsocialistas era complicado y, por otro, ponía en peligro la vida de los afectados, no era difícil que suscitase intentos de esquivarlo. De hecho, hasta en los relatos de las propias experiencias son descritos los intentos por zafarse de esos criterios de adscripción racial, de burlarlos y engañarlos, retocando relaciones familiares «inadecuadas» y dotando a los antepasados «peligrosos» de una nueva identidad. Esto es comparable con las formas de comportamiento englobadas en Estados Unidos bajo el concepto de *passing*, donde hombres y mujeres intentaban pasarse del lado «negro» al lado «blanco». Por los escasos informes que poseemos hemos de suponer que en Alemania sólo unos pocos judíos se atrevieron a llevar a la práctica un *passing* así, mientras que la inmensa mayoría no pudo escaparse a esa clasificación (ni, con ello, a su destino de muerte). Esto tiene que parecer paradójico: si, como dijimos anteriormente, apenas era posible distinguir por su forma de vida a los judíos de sus vecinos no judíos, un *passing* habría sido aquí más sencillo. ¿Por qué, entonces, fueron tan pocos los judíos que se aventuraron a dar ese paso?

Como primer acercamiento a una respuesta se nos ocurre que el sistema de registro alemán era más preciso

24. Jean Amery, en Schultz, 1986, pág. 68 y sig. y pág. 72.

que el estadounidense. Pese a fallos y errores ocasionales, había, en conjunto, demasiados documentos y demasiado pocas lagunas como para poder cambiar fácilmente la identidad. El argumento es evidente, pero, con todo, sólo constituiría una parte de la respuesta, su parte, en cierto modo, más externa. Si tenemos en cuenta aquella historia conocida con el nombre de «tiempo de la asimilación», de la simbiosis judeo-alemana, podemos sospechar, con buenas razones, que había aún otras barreras, más ancladas en el interior. Los judíos alemanes se sentían, según dijimos antes, totalmente alemanes. Por ello, muchos, durante mucho tiempo, no podían creer, no podían comprender que, de golpe, iban a ser expulsados de ese país, ¡que era el suyo! Para ellos, verse como «miembros» de ese país era lo más obvio del mundo. Sencillamente, les parecía inimaginable que los nuevos señores del poder (y, con ellos, una buena parte del pueblo alemán) los vieran de una forma diferente, los consideraran «otros». El error trágico radicaba en la diferencia existente entre la percepción que ellos tenían de sí mismos y la que tenían los otros. Si esta interpretación es correcta, la respuesta a la paradoja indicada anteriormente hay que encontrarla en la propia paradoja: si la mayoría de los judíos alemanes no intentaron ningún *passing*, no lo hicieron porque fueran demasiado diferentes de los alemanes para aventurarse a tales intentos, sino, al contrario, porque creían en su identidad alemana como la cosa más natural, y no podían imaginarse otra.

Y por establecer una comparación con los negros que practicaban en Estados Unidos el *passing*: en la época en que esto se hacía, Estados Unidos era un país de una discriminación racial abierta y declarada. En estas condiciones, toda la población negra era consciente de lo que podía esperar. Las personas negras sabían que se las desnaturalizaba, que tenían derechos escasos, que su vida estaba limitada por multitud de prohibiciones. Habían pasado ya por muchas experiencias y, por tanto, estaban en guardia. Habían desarrollado, desde generaciones atrás, un sentido infalible para detectar señales de alarma en medio de la vida cotidiana. En cambio, la situación de los judíos en Alemania era, a principios del siglo XX, completamente distinta. Si bien es verdad que en la vida diaria seguían siendo aún víctimas de muchos prejuicios, la experiencia fundamental acuñada era, sin embargo, la del incremento de derechos que habían conseguido en el siglo XIX. Este progreso lo habían vivido directamente ellos, sus padres y sus abuelos. Eso era lo que les daba seguridad, si bien una falsa seguridad, como pronto se iba a revelar.

La experiencia del nacionalsocialismo sacudió esa seguridad. Para muchos de los supervivientes, su identidad se vio transformada de raíz, cosa que cobra un énfasis especial en el caso de aquellas personas que, antes de Hitler, apenas sabían algo de lo que había significado ser judío, ya que sus familias hacía mucho que se habían distanciado de ello. Ahora dicen que se hicieron de nuevo judíos gracias a los nazis. No serían judíos por razones de raza y biología, ni tampoco de religión, sino por la comunión en el mismo destino. Han llegado a la comprensión de lo que son por ese destino de persecución, que les ha hecho judíos:

> En mi infancia no había ni fiestas ni liturgia judías, sólo Navidad, Pascua o San Nicolás: ésas eran las fiestas infantiles, con todo lo que las acompaña y que hace felices a los niños. Sabíamos muy bien, desde pequeños, que éra-

> mos judíos. Pero, pese a recibir clase de religión, quedaba un concepto poco claro del asunto, como algo que, justamente, no se había vivido y de lo que mi padre, una vez que le pregunté, me dijo que para él no significaba nada. Sólo se sentía alemán. «¿Y cómo?», dije yo [...]. «¿Qué es, entonces, lo que significa?» Él no me lo ha podido explicar, rechazando mis preguntas [...] como algo, para él, carente de importancia [...]. ¿Y era eso fácil de contestar? Desde entonces, su definición, dura y mínima, es: «Judío es aquel a quien Hitler haya declarado como tal».[25]

> En casa de mis padres no quedaban ni siquiera restos de la práctica de la religión judía [...]. Tres generaciones de asimilación era un determinante más fuerte que aquel lejano, y todavía sabido, origen [...]. Tras el delirante asesinato de seis millones de judíos por parte de Hitler, yo no era sino una cosa: judío [...]. No se podía ya revertir lo que aquellos doce años, que pesaban como un milenio, habían hecho de mí. Yo no *quería* que revirtiese.[26]

¿Qué aspecto tiene hoy en día la búsqueda de huellas?

Todavía hay que señalar una ironía de la historia. Probablemente existan en la actualidad nuevas formas del *passing,* donde personas de origen no judío adopten una identidad judía. También en esto se pueden encontrar paralelos con la situación de los negros: así como allí oímos el reproche de que un blanco se hiciera pasar por negro a causa de ciertas ventajas políticas, en el Mi-

25. Hilde Domin, en Schultz, 1986, pág. 88 y sig.
26. Michael Landmann, en Schultz, 1986, págs. 116 y 120-122 (la cursiva es del original).

nisterio del Interior alemán circulaban dudas análogas respecto a determinados miembros de las comunidades judías en Alemania, que, desde 1989, han recibido un fuerte flujo de emigrantes rusos. Y el reproche se manifiesta ahora diciendo que algunos de aquéllos no son, en realidad, judíos, sino que se han presentado como tales para conseguir salir de su país y adquirir el permiso de residencia en Occidente.[27] Con frecuencia, no hay manera humana de conseguir documentos precisos, ya que las comunidades judías y el ejercicio de la religión judía estaban reprimidas en la antigua Unión Soviética. ¿Quién puede, por tanto, saber lo que es verdad o no? ¿Quién puede saber quién es quién? De nuevo queda claro que, con el cambio de las constelaciones y coyunturas políticas, cambia también su rumbo la búsqueda de huellas étnicas y que a consecuencia de ello surge más de una regulación estrafalaria: «Es macabro. En otros tiempos los alemanes pedían el certificado de que no eran judíos. Hoy exigen el certificado de que son judíos».[28]

4. Conceptos difíciles: la carga de la historia

Hemos empezado con familias multiculturales y luego considerado, en relación con ello, dos ejemplos

27. *Der Spiegel*, nº 22, 1996, págs. 22-25, y nº 25, 1996, pág. 19; Julius Schoeps, «Ostjuden unerwünscht?», *Allgemeine Jüdische Wochenzeitung*, 27 de junio de 1996, pág. 1.

28. Irene Kohlhaas, embajadora alemana en la anterior República Soviética de Moldavia, citado de *Der Spiegel*, nº 22, 1996, pág. 25.

históricos, esto es, los intentos de clasificar socialmente determinando quién es negro, quién es judío, quién entra en una categoría intermedia. Ese paseo por la historia era importante para percibir por qué hoy en día resulta difícil hablar, propiamente, sobre el tema. En esto no hay conceptos «imparciales», sino que todos ellos traen consigo la carga de la historia, una historia, justamente, de desnaturalización, segregación y discriminación. Por ello, todo discurso al respecto carece de solidez. Por un lado, están los conceptos que siguen siendo habituales, pero que han sido «problematizados» por la historia; por otro, los neologismos de reciente creación, que intentan, con mayor o menor dificultad, apartar de sí las asociaciones valorativas y encontrar denominaciones neutrales. Entre los dos, una suerte de oscilación altamente sensible.

Comencemos con un ejemplo sencillo, con el concepto de «matrimonio mixto». Este concepto era del todo corriente en Alemania ya antes de Hitler y aludía a todo tipo de matrimonios cuyos cónyuges pertenecían a confesiones religiosas distintas (es decir, tanto matrimonios católico-evangélicos como católico-judíos o evangélico-judíos). Pero a consecuencia de la toma del poder por los nazis, en 1935 se dispuso que ese concepto sólo habría de aplicarse a los matrimonios entre «arios» y «no arios»,[29] razón por la cual viene indisolublemente vinculado, para la conciencia actual, con la política racista de los nacionalsocialistas y sus leyes raciales. En Estados Unidos siguen circulando distintos conceptos, que entrañan, asimismo, una serie de imprecisiones y cargas históricas. Se ha convertido allí en

29. Kleiber y Gömusay, 1990, pág. 68.

una designación frecuente la de *multiracial couple*, pero traducirla literalmente al alemán resulta inadecuado, dado que el concepto de «raza» despierta, en alemán, otras asociaciones, al conservar más resonancias de índole biológica y de comunidad de sangre. Para evitar esto, en Alemania se prefiere hablar hoy en día de la «familia multicultural», expresión moderna que, a su vez, si se emplea retroactivamente para comprender situaciones históricas presenta una posición ambigua.

¿Qué hacer, entonces? He intentado, hasta ahora, abordar el problema adaptándome a las circunstancias, utilizando circunloquios o conceptos auxiliares, introduciendo suavemente y como bajo cuerda la expresión «familias mixtas», esforzándome al mismo tiempo —obsérvese que va entre comillas— por lograr un discreto distanciamiento. Esto es, lo reconozco, antes una escapatoria que una buena solución. Pero, en mi opinión, es dudoso que haya o pueda haber una solución a este problema, ya que todo intento que se haga cae de nuevo, de una u otra forma, en los lazos que anudan el pasado y el presente. Por ello no es una casualidad que también otras investigaciones que se ocupan del tema de las «familias mixtas» aborden más detalladamente el problema lingüístico y, viendo sus trampas, sólo conozcan, a su vez, soluciones igualmente inacabadas e imperfectas.[30]

El dilema está a la vista: ¿cómo se puede escribir sobre conceptos de adscripción social sin usar esos mismos conceptos? En otras palabras, ¿cómo puede uno nadar sin mojarse? La ironía de la historia consiste,

30. Por ejemplo, Spickard, 1989, págs. 20 y 22; Rosenblatt y otros, 1995, pág. 7.

en cierto modo, en que tampoco el sociólogo pueda salirse de ella, por lo que su empeño tiene una semejanza con la cuadratura del círculo. Intuimos la cantidad de trampas, malentendidos y reproches que están al acecho. Nos queda la esperanza de que, mostrando las trampas, podamos encontrar de nuevo una salida que nos conduzca fuera de ellas (es decir, la tarea multicultural de la vieja historia de Münchhausen: pero ¿qué se revela, al final, como lo más fuerte, el propio empeño o el peso rotundo de los conceptos de discriminación que históricamente se han asentado?).

Añádase a esto —lo cual hace la empresa no precisamente más fácil— el hecho de que las denominaciones con que se designan los grupos poseen su propia historia y problemática. Por ejemplo, por referirnos a los «negros»: cuando Robert K. Merton, uno de los más conocidos sociólogos estadounidenses, publicó en 1941 un ensayo con el título «Intermarriage and the Social Structure»,[31] todavía usaba, como algo completamente obvio, la expresión «negros». En cambio, para la comprensión actual, este concepto viene estrechamente asociado con discriminación, de modo que en la práctica ha dejado de ser aplicable (salvo que se quiera utilizar, adrede, como un insulto). Pero ¿qué otro concepto hay, en su lugar? Hoy en día se ha extendido la denominación «afroamericano», pero también ella puede producir escándalo (si se la entiende como una forma de excluir del país, como un intento de enviar al así designado de retorno a África, al menos de palabra). Probablemente la expresión más usada sea la de gente «de color», pero precisamente ésta es poco rigurosa, como

31. Merton, 1976.

ya mostramos antes, al no tener que ver, en no pocos casos, con el color de la piel. En el fondo, hay que ponerla siempre entre comillas, porque un hombre «de color» no tiene necesariamente, la piel completamente negra —para ser más precisos, pocas veces—, así como tampoco un «blanco» es completamente blanco, salvo si es albino.

En pocas palabras, que todos los conceptos están cargados de emociones y se revelan como construcciones de índole social o política, están adheridos a una época determinada y a su forma de pensar, razón por la cual no hay aquí ninguna solución fácil y, en cambio, la polémica es omnipresente.

Y luego tenemos la expresión *los judíos* (¿o acaso, mejor, «los judíos», entre comillas?). Antes de Hitler, muchos de los plenamente asimilados judíos alemanes sólo hubieran podido decir lo que esto significa de un modo vago y mediante circunloquios.[32] Pero, después de Hitler, como dijimos, el concepto cobró para muchos un nuevo contenido, ya que la persecución había producido una vinculación, una comunidad simbólica en el mismo destino. Claro que, por esta misma historia, a muchos no judíos les ha costado entender este concepto: les hace sentir mal, les acongoja, les recuerda un pasado perverso, suena como un insulto. ¿Podemos aludir a «eso» todavía? Y algunas personas reaccionan sorprendidas, casi con un tono de reproche, cuando se enteran de que incluso los judíos se llaman a sí mismos judíos. ¿No es eso racismo?, se preguntan. Era lo que faltaba para alimentar una confusión total.

32. Véase, por ejemplo, lo que dice Hilde Domin, en Schultz, 1986, pág. 88.

El libro de Mattenklott *Über Juden in Deutschland* comienza así: «Si a uno se le ocurre empezar a hablar, en Alemania, sobre los judíos, la mayoría de las veces se hace un silencio, sobre todo si hay allí algún judío. Aparte de otras muchas razones de que esto ocurra, hay una que, de suyo, ya es suficiente: a los alemanes se les ha atascado, literalmente, el discurso sobre los judíos. ¿No es "judío" un insulto? En las circunstancias actuales puede evitarse la expresión hablando de los israelíes, pero es evidente que no todos los judíos son israelíes y ni siquiera todos los israelíes, judíos. Usar expresiones abstractas, como "judaísmo", "judaicidad", etc., acaba de complicar las cosas. ¿Se puede hablar en Alemania de la "judaicidad" como Novalis hablaba sobre Europa y la cristiandad? ¿Se debe creer en una "judaicidad" cuando uno mismo se ha desprendido —y con qué dolores— de la "alemanidad" como destino colectivo? Si nos vemos forzados, podemos buscar refugio en la expresión "personas judías" o "conciudadanos judíos", pero no tardan en aparecer nuevos problemas. ¿Quiénes son judíos? ¿Los creyentes de la fe mosaica, los descendientes de madres étnicamente judías, los miembros de una comunidad judía? ¿Con qué derecho seguimos designando judío a alguien que étnicamente sólo lo es en parte o está bautizado en una confesión cristiana?».[33]

Sobre todo se ha hecho sospechoso el concepto de «ario», por recordar directamente la «raza nórdica» y «raza de señores» y haber sido el centro y el núcleo de la ideología de aquella época. Y si esto es así, ¿cuál es la consecuencia?, ¿siguen siendo los judíos judíos, sin comi-

33. Mattenklott, 1992, pág. 9.

llas, porque la designación va referida a una comunidad social (de religión o de destino), mientras que no hay «arios», no siendo más que una construcción ideológica basada en un vínculo biológico y de sangre, por lo que habría que usar, en este caso, las comillas, a fin de distanciarse de la doctrina racista? Baste esto para ir, al menos, jalonando el terreno.

Y las controversias distan mucho de haber acabado en la actualidad; al contrario, adquieren una nueva fuerza explosiva. Como se ha descrito suficientemente, las antiguas clasificaciones étnicas traen consigo toda su carga histórica, que es una historia de discriminaciones. Pero si, como hemos indicado anteriormente, en la época actual los grupos minoritarios empiezan a ser conscientes ellos mismos de su historia e identidad y quieren seguir aferrados a ella, e incluso seguir construyéndola y completándola, por iniciativa propia, con un conjunto de símbolos, ¿qué significa esto? ¿Una reacción ante la opresión sufrida y la pérdida de la propia historia, una «biopolítica», como la llama Agnes Heller,[34] el alzamiento de nuevas cercas y líneas de demarcación? ¿Se pone en marcha, de la mano de la «autoetnicización», una dinámica que lleva a un «separatismo étnico»?[35] ¿O se ha de contar también aquí —como en el caso de otros movimientos sociales—, precisamente al principio, con un desbordamiento de energías, con una actividad desenfrenada, con no pocos excesos, aunque todo esto no representa más que un estadio intermedio, ya que los grupos minoritarios se tienen que encontrar primero a sí mismos por ese camino de la autoconciencia?

34. Heller, 1994.
35. Neckel, 1997.

Desde los comienzos del movimiento negro han pasado tres décadas, y hace ya mucho tiempo que también otros grupos étnicos han comenzado a buscar sus raíces y hacerlas valer; e incluso aquellos que tienen un origen mezclado comienzan ahora a resaltar, en vez de ocultar, esa doble o múltiple identidad. Con tales aspiraciones se encienden, hoy en día, las controversias. ¿Son las clasificaciones que, en este contexto, se utilizan como expresión de nuevos procesos de concienciación? ¿Son, al contrario, un intento de crear nuevas fronteras, e incluso un nuevo *apartheid*? ¿Son, acaso, lo cual es también posible, ambas cosas a la vez, que cambian según las circunstancias, el público, los protagonistas? En concreto: ¿han de ser valorados los nuevos formularios, que permiten una diferenciada autoclasificación étnica —o habría que decir, más bien exigen—, como un «comienzo prometedor»[36] o como una nueva «guetización»?[37]

Bajo el título «Amerika wird ethnisch kartographiert», John David Morley escribe: «Se va a dejar más espacio para la casilla de los formularios en donde se indica la pertenencia étnica, previendo que, en el futuro, se tendrá que proceder menos según el esquema *blanco-negro*. Sin embargo, con una ampliación de la gama de posibilidades de elección étnica, la administración pone a los ciudadanos en un aprieto. ¿Cómo soy yo, propiamente, negro o más bien afroamericano?, ¿judeo-

36. *Süddeutsche Zeitung*, apéndice ilustrado, 24 de noviembre de 1995, pág. 4.

37. John David Morley, «Inländer und Ausländer. Amerika wird ethnisch kartographiert», *Süddeutsche Zeitung*, 28 de abril de 1995, pág. 11.

español?, ¿asiático? Personas que hasta ahora nunca se habían ocupado de tales temas se verán obligadas a examinar la cuestión con lupa. ¿Qué pasa con el abuelo? ¿Y con la abuela? En caso de duda (y en un país de mezclas se tratará, mayoritariamente, de casos dudosos), ¿por qué debo decidirme y con qué consecuencias habré de contar a largo plazo para mis hijos y los hijos de mis hijos? Con esa ampliación, seguramente bienintencionada, de la lista de posibles adscripciones étnicas, las autoridades estadounidenses han abierto una caja de Pandora.

»Lo que ocurre en esta cuestión en Estados Unidos es de gran interés para Europa. Todos los países europeos se han convertido en países de inmigración, aunque sólo sea en el sentido de un moderno movimiento migratorio de pueblos que hace ya tiempo que tiene lugar dentro de las fronteras de la Unión Europea. Si llevamos hasta un determinado punto este intento estadounidense de tender una trama reticular que cubra todo, la búsqueda de una identidad parece que desembocará, necesariamente, en la siguiente pregunta: "¿Qué nos separa a los unos de los otros?". No llevará, seguramente, a esta otra: "¿Qué tenemos en común?" [...]. Las primeras experiencias con la desmembración del pueblo estadounidense en grupos étnicos cada vez más pequeños nos hacen temer que podría surgir el peligro de un proceso de guetización no deseado».[38]

38. *Ibid.* (la cursiva es del original).

5. La República Federal Alemana en la actualidad: ¿quién es alemán?

Todo esto sobre las nuevas cuestiones que hoy se plantean. Más allá de todas las distintas valoraciones, esperanzas o temores, hay al menos un hecho cierto: las adscripciones étnicas se hacen, por el rumbo que toma el desarrollo de la sociedad y de la población, cada vez más complicadas. Pues en una época como ésta, de movilidad, grandes flujos de población y globalización económica, crece sin cesar el número de personas que, fuera del radio de acción del grupo originario, trabajan y viven con personas pertenecientes a otros grupos. Por diversas razones (sea la pobreza, el hambre o la persecución, o bien por motivos de formación y profesión, de turismo o curiosidad), dejan su país por un período de tiempo más o menos largo y, acaso, para siempre; transcienden las fronteras de los distintos territorios, naciendo en un sitio, creciendo en otro distinto, casándose y teniendo hijos en un tercero. Para Estados Unidos esto significa que este desarrollo podría convertirse, en el curso del siglo XXI, «quizás en una nueva normalidad»: «El número de las parejas biculturales sigue creciendo, de modo que ya no es ninguna rareza ser, por ejemplo, blanco y asiático o árabe y judío».[39] En Alemania son, seguramente, más raras las relaciones mezcladas hasta tal punto, pero tampoco aquí se puede dejar de reconocer que todo apunta hacia relaciones de un «mayor mestizaje».

39. Richard Chaim Schneider, «Minorität und Minoritäten. Schwarze Juden in den USA», *Süddeutsche Zeitung*, 3 de julio de 1995.

Por ejemplo, en lo concerniente a los matrimonios contraídos, en 1960, los que se casaban en la República Federal Alemana eran, casi todos, alemanes. Sólo en 1 de cada 25 matrimonios «participaban extranjeras o extranjeros», por utilizar el lenguaje de las estadísticas oficiales. Es decir, alguno de los cónyuges tenía un pasaporte extranjero. En cambio, en 1995 1 de cada 7 matrimonios era ya contraído «por extranjeros o con extranjeros», esto es, el hombre o la mujer, o ambos, tenían una nacionalidad no alemana.[40]

Por ejemplo, respecto a los nacimientos, en 1960, los niños nacidos en la República Federal Alemana provenían, casi en su totalidad, de una unión, en lo concerniente a su nacionalidad oficial, «puramente alemana»; sólo el 1,3 % de los recién nacidos tenía un padre extranjero y/o una madre extranjera. En cambio, en 1995 ya era el 19,2 % de los nacidos los que tenían un padre extranjero y/o una madre extranjera, es decir, casi 1 niño de cada 5 procedía ahora de una unión cuyos miembros eran extranjeros, o alemanes y extranjeros.[41]

Por lo que respecta a este grupo —¡que crece aceleradamente!— de inmigrantes y sus familias, se plantea en toda regla el problema de su adscripción social: ¿a

40. Para el año 1960 véase Statistisches Bundesamt, 1995b, pág. 26; para el año 1995, nuestro propio cálculo según los datos de la Statistisches Bundesamt, serie especial 1, 1, 1995, tabla 8.12: «Eheschließungen nach der Staatsangehörigkeit der Ehepartner» (las cifras aportadas se refieren, en ambos casos, a Alemania Occidental).

41. Para el año 1960, *ibid.*, pág. 29; para 1995, nuestro propio cálculo según los datos de *ibid.*, tabla 9.19: «Geburten nach der Staatangehörigkeit der Eltern» (las cifras se refieren a Alemania Occidental).

dónde pertenecen, a nuestro país, a otros, a qué otros? Y entonces nos las tenemos que ver con un conjunto de currículos de muchos colores, alterables y con múltiples embrollos, que no quieren encajar ya en las categorías establecidas. Nos topamos con personas que tienen nombres de sonido exótico, un aspecto que nos produce una impresión extraña, con otro color de pelo y de piel, que nos evocan todas las asociaciones de lo lejano y oriental; y he aquí que, de repente, se ponen a contestar en dialecto bávaro o suabo, y resulta que han crecido en el Kreuzberg berlinés o en Duisburgo; en una palabra, que dan un vuelco a nuestras expectativas, cuestionando nuestras representaciones de lo que es normal.

Como se dice en una novela del autor indo-británico Kureishi: «Todo el mundo te mira y piensa: un joven indio, ah, qué exótico y fascinante, qué historias de elefantes podremos oír de sus labios».[42] Hasta que se descubre que el joven indio es de Orpington, un suburbio de Londres, y que no ha estado en la India ni siquiera de visita. En una palabra, que el mundo está loco. Nada es como parece. ¿Quién es qué? ¿Quién es quién?

Historias análogas pueden contarse también de Alemania. «"Bien, bien, señor Kayankaya, así que usted es detective privado. Un nombre interesante, Kayankaya." "Más turco que interesante." "¿De veras?" La sonrisa se hace aún más dulce y la hendidura de los ojos adquiere apenas más grosor que una cuchilla de afeitar. "Turco. ¿Un detective privado turco? Lo que hay que ver. ¿Y cómo habla usted tan correctamente alemán, si puedo preguntarlo?" "Porque no he aprendido ninguna otra lengua. Mis padres murieron cuando yo era pequeño

42. Kureishi, 1990, pág. 141.

y crecí en una familia alemana." "Pero usted es turco, quiero decir..." "Si eso le tranquiliza, le diré que tengo un documento de identidad alemán."»[43]

Algo así produce, en la vida diaria, irritaciones y estupefacción. Y genera, en el plano burocrático, una serie de procedimientos complicados y discrecionales y, dada la dificultad de la materia, también, naturalmente, fallos y errores. Ya mostramos anteriormente que la pregunta de quién es negro o quién es judío conduce a un laberinto de regulaciones, criterios y determinaciones interpretativas. Ahora resulta que incluso la pregunta sobre «quién es alemán» no es tan fácil de responder como parece. En vez de eso, lo que se va revelando es el «fin de la univocidad» (Zygmunt Bauman), extendiéndose una «nueva falta de sinopsis» (Jürgen Habermas). He aquí un ejemplo tomado al azar, de nuevo sobre una familia «mixta»:

> Georgios Chatzimarkakis vivió un cuarto de siglo sin ser molestado en la República Federal Alemana y, con su doble nacionalidad griega y alemana, inició una carrera política llena de perspectivas. Y, de repente, los burócratas de Bonn decidieron que el joven político y doctor en ciernes en Ciencias Políticas no había sido, todos esos años, ciudadano alemán. Se exigía a este joven de 29 años que devolviese el documento de identidad alemán [...]. Cuando Chatzimarkakis decidió casarse comenzó, para este ciudadano greco-alemán, una verdadera carrera de eslalon entre todo un cúmulo de disposiciones absurdas: en el registro civil de Bonn una funcionaria, al sonarle su nombre a extranjero, le pidió un certificado de nacionalidad.

43. Arjouni, 1991, pág. 7.

De modo que este hijo de una alemana y un cretense se puso a buscar un documento que demostrara su ciudadanía. Hasta entonces, él, nacido en Duisburgo, había considerado una obviedad que era alemán. Claro que hasta 1974 estaba vigente la disposición legal de que los hijos con un padre o una madre extranjeros no adquirían la nacionalidad alemana. «¡Usted no puede, de ningún modo, ser alemán!», tuvo que escuchar Chatzimarkakis, en el curso de sus averiguaciones, de boca de un funcionario del Ministerio del Interior.

Este funcionario ministerial había procedido, como ahora se evidenciaba, correctamente. Al principio, la Oficina de extranjería había partido del supuesto de que Chatzimarkakis había sido hecho alemán por una gracia especial, ya que las autoridades griegas no habían reconocido el matrimonio que su padre griego contrajera en Alemania y, en consecuencia, el hijo hubiera quedado sin nacionalidad alguna. Pero cuando fueron enviadas las actas correspondientes desde Duisburgo a Bonn, los burócratas descubrieron, en el anverso de un formulario, un obstáculo más: el padre del político había, posteriormente, legalizado a su hijo en Grecia. Con ello, se convirtió, desde 1970, en griego, razón suficiente, a los ojos de los concienzudos funcionarios alemanes, para retirarle de nuevo la nacionalidad alemana. De manera que quedó anulada su nacionalización, si bien, por descuido, tal decisión no fue comunicada a otros departamentos de la Administración.[44]

Ahora bien, más de uno podría pensar que la respuesta es sencilla, pues la nacionalidad se demuestra con el documento de identidad; luego, quien tenga un

44. Hans Monath, «Sie sind ja gar kein Deutscher!», *taz*, 27 de julio de 1995, pág. 1.

documento de identidad alemán será alemán. Sin embargo, esta suposición es demasiado simple, pues el documento de identidad por sí solo no alcanza, en absoluto, para ser considerado oficialmente alemán, ya que se requieren además otros documentos. Es cierto que el problema consiste en que: a) no está claro, en modo alguno: qué y cuántos papeles se requieren, y b) en una época de movimientos migratorios, deportaciones, refugiados de guerra, disturbios y revoluciones políticas, muchos documentos se han quemado o perdido, otros han sido robados o destruidos, razón por la cual, por desgracia, no se conserva una completa recopilación de los mismos. Lo cual, a su vez, no está previsto oficialmente. Por las disposiciones de la burocracia, se puede pensar que ésta, en el fondo, espera que el mundo sea en todas partes como lo es actualmente en la República Federal Alemana: regulado, ordenado, acreditado con sellos. Quien tenga otro currículo, menos ordenado y no demostrable como absolutamente carente de lagunas, puede que, pese a su documento de identidad, deba sortear muchas barreras y que acaso acabe en un callejón sin salida. Para ilustrar esto, mencionemos la historia de un caso que tiene que ver, de nuevo, con una familia «mixta».

> Informe de la Oficina del Distrito. Sección principal II: censo. Sección 1: nacionalidad. Asunto: cuestiones de nacionalidad. Sobre la mesa están las actas que corresponden al ciudadano muniqués W. ¿Qué ha hecho este hombre? Engendrar, hace años, una hija que ahora tiene intención de ejercer su profesión de medicina; pero para poder trabajar en un hospital alemán necesita demostrar que es tan alemana como ese hospital. Gracias a Dios, en este asunto no desempeña ningún papel el hecho de que

el ciudadano W., por descuido una vez más, eligiera como mujer y posterior madre de su hija a una italiana, ya que la madre, por su condición de mujer, no es relevante en estas cuestiones de nacionalidad. ¡Pero el padre! Ahora tiene 71 años. Nació en la alemana Dresde. Fue soldado al servicio del caudillo supremo de todos los alemanes; los soviéticos le hicieron, por ello, prisionero de guerra. Después fue maestro en la República Democrática Alemana y acabó en una prisión democrático-alemana. Luego fue expulsado a Berlín Occidental. Trabajó durante veinticinco años en la emisora de radio Bayerischer Rundfunk, en Munich. ¿Es alemán? Pues bien, no se sabe con certeza.

Lo único que se sabe es lo siguiente: podría ser cierto, de algún modo, que W. sea alemán. El hecho de que trabajara durante diez años en una universidad estadounidense no dice nada en contra; tampoco ha de ser necesariamente una objeción que en la radio dirigiese la redacción de los programas en lenguas extranjeras. Más grave es la ausencia de pruebas de «alemanidad» que sean más concluyentes que las que puede aportar: pero ¿qué le falta? ¿Un pasaporte? No es suficiente. ¿Documento de identidad? Ridículo. ¿Certificado de familia? Lo puede tener cualquiera. ¿Libro de recuerdos familiares? ¡Quita, quita! ¿Qué es lo que dice Karl Thiem, autor del Informe de la Oficina del Distrito? «No tenemos la intención de desposeerle a usted de su nacionalidad.» Otra cosa es el reconocimiento de la nacionalidad de la hija, que se deriva, precisamente, de la del padre. En pocas palabras, que una hija indudablemente alemana necesita un determinado padre alemán. Y ahí está la clave de la cuestión, que W. no puede demostrar, al cien por cien, cómo ha sido su existencia, que dura ya algunos decenios. Pues, según Thiem, quien haya nacido antes de la Segunda Guerra Mundial y tenga, sin embargo, un certificado de identidad datado después de 1945 por desgracia no demuestra nada con él; ni siquiera un certificado de nacimiento es suficiente. Pero cómo un alemán podría documentar concluyentemente su «alemanidad» es algo, dice Thiem, «cuya aclaración da ocupación a todo un departamento». En cualquier caso, en principio, hay suficientes puntos de apoyo y papeles, sólo que éstos deben ser suficientes como para que esa cadena de indicios se materialice en una especie de demostración.[45]

A quién compete la cuestión de la nacionalidad es un asunto regulado, como se sabe, por el correspondiente derecho de ciudadanía, y éste, en Alemania —a diferencia de otros países—, se basa primariamente en el origen (*ius sanguinis*), no en el lugar de nacimiento y residencia y en las circunstancias de hecho. En la época de «espacios sociales trasnacionales»,[46] una regulación así no es capaz ya de comprender la realidad vital de multitud de personas, estando predestinada, ni más ni menos, a generar situaciones paradójicas: por ejemplo, recientemente nos enteramos de que la nueva Miss Alemania es turca.[47] El anacronismo de las reglas vigentes en esta materia se hace especialmente visible en el caso de los hijos de trabajadores extranjeros, llegando un estudio sobre los jóvenes extranjeros al siguiente resultado: «Los hijos de los trabajadores extranjeros contratados en los años cincuenta, sesenta y a principios de los setenta [...] se han instalado en Alemania [...], se

45. Michael Knopf, «Die späte Identitätskrise des deutschen Bürgers W.», *Süddeutsche Zeitung*, 26 y 27 de agosto de 1995, pág. 53.

46. Pries, 1996.

47. *International Herald Tribune*, 20 y 21 de febrero de 1996, pág. 5.

orientan según las normas y los objetivos de la vida alemana, dominan la lengua alemana, y muchos de ellos pueden ser tenidos aún por extranjeros sólo en un sentido meramente estadístico».[48] Ya han sido creados, tanto en la ciencia como en la política, una gama de nuevos conceptos, a fin de captar, al menos aproximadamente, la complejidad de esas nuevas relaciones. Algo de esa índole consiste en hablar, en este caso, de «extranjeros nativos» y «alemanes extranjeros»,[49] de «nacionales con documento de identidad extranjero» y «extranjeros de nacionalidad alemana»,[50] de «culturalmente nacionales» y «culturalmente extranjeros»,[51] de «extranjeros verdaderos» y «extranjeros únicamente en un sentido estadístico»,[52] de «forasteros en tránsito»,[53] «extranjeros establecidos» o «cuasi extranjeros»,[54] o incluso de los «otros alemanes».[55] Circulan ya numerosos chistes cuyo tema es la situación de mezcla en que se encuentran las diferenciaciones étnicas, por ejemplo: «¿Cuál es la diferencia entre un turco y un sajón? Que el turco habla alemán y trabaja».[56]

Pero pese a la restrictiva Ley de nacionalidad alemana, algunas personas o grupos pueden conseguir la ciudadanía alemana. Con ello cambia su estatus: se convierten de «extranjeros» en «nacionales». Al mismo tiempo, en el

48. Hermann, 1995, pág. 29.
49. Bade, 1992, págs. 393 y 401.
50. Nuscheler, 1995, pág. 113 y sigs., y pág. 122 y sigs.
51. Schmalz-Jacobsen y Hansen, 1997, pág. 186.
52. Hradil, 1995, pág. 292.
53. Mammey y Schiener, 1996, pág. 161 y sigs.
54. Hallson, 1996, pág. 276 y sig.
55. Mecheril y Teo, 1994.
56. Citado de Geyer, 1995, pág. 227.

curso de los radicales cambios políticos efectuados, y en buena medida a causa de la caída del anterior bloque del Este, también ha recibido una nueva regulación el paisaje político y han desaparecido algunos Estados y surgido otros. En consecuencia, experimenta también una transformación la nacionalidad de muchas personas; por ejemplo, los antiguos «checoslovacos» se convierten ahora en «checos» o bien en «eslovacos». Pero dado que todo intento de ordenación presupone, de forma implícita, una serie de relaciones estables, la creciente inestabilidad de las relaciones, el desorden realmente dominante en el mundo tiene que generar también un nuevo potencial de malentendidos, valoraciones fallidas, errores, y esto sucede hasta en las categorías estadísticas del Estado alemán. Consideremos, por ejemplo, los datos de la estadística sobre contratos matrimoniales en Alemania o, más exactamente, las casillas correspondientes al tema de las «familias mixtas» donde se trate de matrimonios entre alemanes y extranjeros. Quien las lea sin tener en cuenta el desorden y la inestabilidad propios de la época de la globalización llegará, en más de un punto, a conclusiones falsas. Muchas categorías son más ambiguas de lo que parecen a simple vista, y necesitan ser interpretadas, sólo pudiendo ser descifradas si se conoce la política, la historia y las múltiples vicisitudes de las mismas. Sobre esto haremos, a continuación, una pequeña digresión.

Las perfidias de las estadísticas de los matrimonios y familias internacionales

En las últimas décadas se ha podido observar repetidamente que, a consecuencia de guerras, revoluciones políticas y tendencias de la economía a escala internacional, han ido surgiendo algunos modelos típicos de matrimonios binacionales. Por ejemplo, después de la Segunda Guerra Mundial subió el número de uniones entre hombres norteamericanos y mujeres alemanas. Y, en cambio, desde los años ochenta, es cada vez mayor el número de varones alemanes que se han casado con mujeres de países desfavorecidos en el aspecto económico, como Filipinas o Tailandia. Con el desmoronamiento del bloque del Este ha tenido lugar, como muestran estudios recientes, un desplazamiento de nuevo cuño en el mercado matrimonial, y el resultado es que los hombres alemanes se casan, de forma creciente, también con mujeres procedentes de Europa del Este en vez de hacerlo con asiáticas.[57]

Una cuestión del todo interesante, en relación con las teorías sobre la apertura de un «mercado de matrimonios» internacional, es averiguar a cuánto asciende, exactamente, esa subida, pero con los datos publicados es difícil contestar a ello, o sólo de forma aproximada. Pues quien observe los datos de la Statistisches Bundesamt se llevará una sorpresa: si en 1987 había todavía 1.207 alemanes que se habían casado con mujeres yugoslavas y el número subió, en 1991, a 1.778, en 1993 eran únicamente 1.145 los alemanes que contrajeron

57. Véase, por ejemplo, Heine-Wiedemann y Ackermann, 1992; Lenz, Ramil-Weiss y Thiemann, 1993.

matrimonio con una mujer de la «antigua Yugoslavia» (así se designa ahora esta categoría). Pero ¿por qué ese movimiento ondulatorio, por qué, tras la subida que era de esperar, de pronto un retroceso insospechado? Al preguntar en la Statistisches Bundesamt se nos aportó una explicación, la menos parcial: esa categoría de la «antigua Yugoslavia» sólo englobaba a aquellas personas en posesión de un documento de identidad yugoslavo. Sin embargo, aquellas otras personas que han hecho reescribir su documento de identidad (ahora «serbias» o «croatas») son agrupadas, en esa estadística de matrimonios alemanes, en la categoría global del «resto de Europa» y han desaparecido en ella. De un modo análogo, la categoría de «Unión Soviética» fue adaptada también a las transformadas condiciones políticas, diferenciándose ahora entre nuevas categorías particulares («ruso», «soviético», «bielorruso», «ucranio»). Es fácil intuir que tal hecho no facilita las comparaciones.

¿O acaso los hombres alemanes de tales uniones son también menos «alemanes» y sus esposas extranjeras menos «extranjeras» de lo que pueda parecer a una mirada ingenua? Cuando, en un seminario sobre el tema «Matrimonios binacionales», nos pusimos a discutir en torno a los nuevos patrones matrimoniales de los alemanes con mujeres de Europa del Este, pidió la palabra un estudiante rumano-alemán. Objetaba que una parte de esas uniones publicadas no era sino un artefacto de índole estadística: entre los inmigrantes había jóvenes que vinieron a Alemania, donde consiguieron la nacionalidad, y luego hicieron venir a su novia de su anterior patria y se casaron con ella en Alemania, un matrimonio que, después, en las estadísticas oficiales, aparece como binacional (por ejemplo, alemán-rumano), pero que, en realidad, tiene poco que ver, evidentemente, con las relaciones que de hecho habían ocurrido. En vez de esto, aquellas personas que habían estado unidas por su historia y su origen, son ahora separadas en virtud de la lógica de la concepción estadística, que hace a una «extraña» de la otra.

A esto se agrega, para complicar el laberinto todavía un poco más, que en la época de la globalización algunas personas no tienen sólo una nacionalidad, sino dos a la vez. Esa doble nacionalidad genera, visto desde la perspectiva de la clasificación política, nuevos problemas. ¿Dónde meter a tales personas en las estadísticas demográficas: en la casilla de los nacionales o en la de los extranjeros? Para responder a esta cuestión se han creado, como era de esperar, nuevas regulaciones. Por lo dicho hasta ahora, puede que apenas sorprenda ya que estas nuevas regulaciones impliquen sus propias paradojas. Por ejemplo, en relación con los hijos de matrimonios hispano-alemanes: «Estos hijos adquieren, por lo regular, ambas nacionalidades y aparecen en las estadísticas alemanas como alemanes, y en las españolas, como españoles».[58] Tal práctica de recuento ha de ser tenida en cuenta a la hora de interpretar correctamente las cifras resultantes. Pues de los cinco grandes grupos nacionales que viven en Alemania son los españoles «el único grupo que, conforme a las estadísticas alemanas, cada año es más exiguo».[59] Y esto porque hay numerosos matrimonios entre alemanes y españoles y sus hijos aparecen, en las estadísticas alemanes,

58. Thränhardt, 1995, pág. 5.
59. *Ibid.*

sólo como alemanes; si se siguiesen las estadísticas hechas en España, seguro que el resultado sería distinto.

Para acabar, y como un asunto menor, mencionemos lo que una estudiante cuenta (de nuevo en un seminario sobre «Matrimonios binacionales»). Esta estudiante, proveniente de un matrimonio greco-alemán, tenía dos documentos de identidad y dos nacionalidades, igual que su hermana. Cuando, en una ocasión, viajaron juntas a Inglaterra, la muchacha tomó consigo su documento de identidad griego, porque el alemán se le acababa de extraviar. La hermana, en cambio, viajó con el documento alemán. Al volver de su viaje a Alemania, la hermana, como «alemana», pasó la frontera sin dificultad alguna con sólo mostrar el documento, mientras que ella, la «griega», fue objeto de un riguroso interrogatorio.

6. De la vida entre varias culturas

En lo concerniente a este grupo creciente de personas que entran en la categoría de las familias «mixtas» no se plantea sólo, ciertamente, el problema de su adscripción social. Visto desde dentro, surge también la cuestión de su ordenación espacial interna, es decir, conforme a qué reglas configuran su vida diaria. Si lo comparamos con épocas anteriores enseguida quedará claro por qué esta cuestión ha adquirido tal importancia.

Cuando, en la sociedad preindustrial, un hombre y una mujer contraían matrimonio, había casi siempre entre ellos un repertorio relativamente amplio de cosas comunes, de experiencias obviamente compartidas, de sistemas de valores, de formas de vida, etc. Pues, por un lado, el mundo de la vida de cada cual estaba mucho más cerrado que en la actualidad y, además, el radio de las posibilidades matrimoniales se veía severamente limitado por los criterios concernientes al origen (que abarcaban desde el estado social y económico hasta la pertenencia étnica y la religión). Frente a esto, el mundo de la vida cotidiana actual se presenta mucho más entremezclado, al producirse el encuentro entre personas de distintos medios sociales, estratos o regiones, y no pocas de ellas llegan a casarse. Pues las barreras que antes existían (desde las restricciones jurídicas hasta la resistencia del entorno familiar), aunque no hayan desparecido del todo, son mucho menos poderosas que antes: se ha abierto paso el principio de la libre elección de pareja. Por ello, aquellos que hoy en día se unen (pasando o no por el juzgado) son, frecuentemente, de muy distinta procedencia. O como lo describen Peter Berger y Hansfried Kellner en un trabajo que se ha hecho clásico: una característica de la moderna elección de pareja el que dos extraños se encuentren.

> El matrimonio es, en nuestra sociedad, un acontecimiento dramático en el que dos extraños se encuentran y se redefinen [...]. El término «extraños» no implica, naturalmente, que esos candidatos al matrimonio provengan de capas sociales fuertemente diferenciadas —de hecho, las estadísticas muestran que ocurre lo contrario—. Ser extraños se basa, más bien, en el hecho de que ellos, a diferencia de los candidatos al matrimonio de épocas pasadas, provienen de ámbitos *face-to-face* diferenciados.[60]

60. Berger y Kellner, 1965, pág. 222 y sig.

La relación matrimonial adquiere con ello un nuevo significado y también experimenta cargas nuevas. Pues lo mismo que constituye la gran posibilidad de una unión personalmente elegida —la creación de un mundo en común más allá de los presupuestos familiares, de parentesco y linaje—, exige de sus partícipes también enormes prestaciones propias. En el sistema moderno de uniones sus protagonistas no sólo deben, sino que además *tienen que* proyectar su propia comunidad.

> Antes, el matrimonio y la familia estaban fuertemente anclados en una red de relaciones que los vinculaban al ámbito de la comunidad mayor [...]. Entre el mundo de la familia particular y el de la comunidad más grande sólo se alzaban unas pocas barreras [...]. Era el mismo pulso de vida social el que discurría a través de la casa, de las calles y del resto del vecindario [...]. En nuestra sociedad del momento actual, en cambio, cada familia constituye su propio y segregado mundo parcial [...]. Este hecho requiere, por parte de los cónyuges, un esfuerzo mucho mayor. A diferencia de otros tiempos, en los que la fundación de un nuevo matrimonio sólo significaba un incremento de diferenciación y complejidad respecto a un mundo social ya establecido, los miembros de la pareja actual se ven confrontados con la tarea, frecuentemente ardua, de crear ellos mismos su propio mundo privado, donde vivirán.[61]

Todo esto vale, con mayor motivo, para las parejas binacionales o biculturales, donde los partícipes vienen de distintos países y ámbitos culturales. Es cierto que

61. *Ibid.*, pág. 225.

también en otras épocas hubo uniones así, pero en la actualidad su número ha aumentado claramente. Por los movimientos migratorios del trabajo, los radicales cambios políticos y las persecuciones políticas, por el turismo y el establecimiento de la residencia en el extranjero con fines formativos y profesionales, ya 1 de cada 8 matrimonios contraídos en Alemania constituye una mezcla de nacionalidades.[62] Lo que Berger y Kellner han descrito como característica de los tiempos modernos vale también aquí, y en mayor medida: en esos matrimonios donde se mezclan distintas nacionalidades son los extraños aún «más extraños y mayores las diferencias entre sus respectivas experiencias de socialización».[63]

Ahora bien, en cada matrimonio se tiene que encajar en un mismo mundo matrimonial y familiar un conjunto de distintas formas de vivir, de valores, de modos de pensar, de modalidades de comunicación, de rituales y rutinas cotidianas. En el caso de un matrimonio binacional/bicultural esto significa que ambos partícipes han de aportar, por sí mismos, los elementos de la «construcción de una nueva realidad intercultural»,[64] crear un «mundo de vida intercultural»[65] o bien una «cultura familiar binacional».[66] Se mueven en un ámbito que apenas está preestructurado, dado que confluyen dos mundos distintos. En esa situación, para la cual no hay ni una preparación ni reglas específicas, los miembros

62. Cálculo propio según los datos de la Statistisches Bundesamt, 1995, serie especial 1, tabla 8.12: «Eheschließungen nach der Staatsangehörigkeit der Ehepartner».

63. Hardach-Pinke, 1988, pág. 116.

64. *Ibid.*, pág. 217.

65. Así es el título del libro de Hardach-Pinke, 1988.

66. Scheibler, 1992, pág. 87 y sigs.

de la pareja tienen que desarrollar lo que ellos mismos dispongan.[67]

Mucho de lo que, ordinariamente, funciona de una forma más o menos natural, sin tener que hacerse ningún cuestionamiento, aquí ha de ser decidido, sopesado, elegido. ¿Dónde queremos vivir, en tu país o en el mío, o quizás en un tercer país, donde ninguno de los dos tengamos la ventaja de estar en el propio? ¿Queremos quedarnos aquí para siempre o nos trasladaremos más adelante a tu país? ¿Quién tiene y dónde posibilidades, quién y dónde ha de soportar qué cargas, quién vive y dónde desprotegido en lo que concierne al estatus jurídico, al mercado de trabajo, al seguro de vejez? ¿En qué lengua nos comprendemos mejor, en la tuya o en la mía, o acaso en una tercera, o bien cambiando de lengua según la ocasión? ¿Qué fiestas celebraremos, qué pasa con las visitas a la familia, cómo organizaremos la división del trabajo de la casa? ¿Con qué normas de educación deben crecer nuestros hijos, los formaremos según tu religión o la mía, en tu lengua o en la mía? ¿Qué nombres elegiremos para ellos, cuál de sus orígenes queremos recordarles?

Para todas estas decisiones no hay, como decimos, ningún modelo. Cada pareja hace su propio camino, busca sus propias formas. Puede decidirse a seguir del todo una tradición cultural o bien otra, o decantarse por formas mixtas, con elementos de ambas, o preferir probar diversas maneras, acaso inclinándose hacia una actitud flexible.[68] Todo esto depende de la propia historia personal, del lugar de residencia actual y de los planes futuros, e incluso de las preferencias culturales y

67. *Ibid.*, pág. 45.
68. *Ibid.*, pág. 44 y sigs.

la discriminación o no discriminación del ambiente respectivo. De modo que cada pareja binacional vive su propia historia, su versión enteramente peculiar de la cultura de la familia binacional.

Finalmente, el matrimonio binacional/bicultural implica también, para sus dos partícipes, una confrontación con su origen respectivo, que conduce a un efecto paradójico: quien en la relación con su cónyuge extranjero buscaba también el estímulo de una persona «distinta», descubre, de golpe, la participación que en el propio yo tiene su cultura de origen. «Se vive lo profundamente anclado que está el propio sistema de valores; es más, en más de un aspecto es la primera vez que se vive algo así.»[69] Es, especialmente, la perspectiva del futuro de los hijos lo que hace emerger una serie de recuerdos que genera una confrontación con el propio pasado, la propia socialización e historia, con la propia representación del mundo de los valores y deseos, con la propia identidad. En el transcurso del matrimonio binacional se replantea la pregunta: «¿Quién soy yo, qué quiero?», que lleva, asimismo, a decisiones de este tenor: ¿qué quiero conservar, qué puedo abandonar, qué es importante para mí?

De forma que las parejas binacionales se ven, reiteradamente, más que las otras, en la situación de tomar —e incluso de tener que tomar necesariamente— un conjunto de decisiones peculiares. En determinadas circunstancias, esto puede llevar a un estado de sobrecarga y exigencias excesivas e incluso, en el peor de los casos, a un fracaso de la vida de pareja. Por otro lado, surge también la posibilidad de mantener en la vida diaria una mayor apertura, atreviéndose de continuo a

69. Elschenbroich, 1988, pág. 368.

emprender nuevos comienzos. «Si la cosa va bien, se sigue manteniendo, a lo largo de los años, algo de aquella osadía inicial, de aquel optimismo experimental, y entonces los matrimonios biculturales resultan especialmente vivos e interesantes.»[70]

Esperanza prudente

El desarrollo descrito hasta ahora, ese número creciente de relaciones familiares mixtas, «mestizas», es valorado, según sea el ángulo visual y la ubicación política del espectador, de forma completamente diferente. Sigue aún vigente que quien no siga las reglas de la elección «normal» de pareja, uniéndose con una persona «distinta», «extranjera», sea mirado con frecuencia por el entorno con suspicacia y desconfianza. Claro que, al lado de esto, se da también una imagen totalmente distinta, en la que tales personas son vistas como soportes de la esperanza de una actitud de tolerancia y entendimiento, personas esperanzadas y abiertas al mundo, en una palabra, pioneras de una sociedad multicultural.

Es evidente que la primera actitud se alimenta de los prejuicios de la xenofobia. Puede que la segunda tenga una acogida mejor, pero no es, por ello, necesariamente, la correcta. Ignora que tales relaciones no surgen sólo y exclusivamente por puro amor, sino —como también otras relaciones— por una mezcla de motivos. Ignora que las personas no se mantienen en tales relaciones en virtud de una actitud de tolerancia eterna y angelical, sino que revelan en ellas sus propias angustias, sus propias expe-

70. *Ibid.*, pág. 366.

riencias traumáticas y sus limitaciones. Dicho de una forma a sabiendas provocativa: un tema, de suyo, interesante podría consistir en preguntarse alguna vez por el racismo que pueda anidar en esas relaciones biculturales.

Sin embargo, y pese a tales reservas, me propongo para finalizar, aventurarme a seguir una perspectiva de cautelosa certidumbre. La vida en una familia bicultural, al no encajar en los presupuestos normales, es una vida caracterizada por una inseguridad biográfica. Esta inseguridad biográfica puede, a su vez, resultar incómoda, irritante y pesada. Puede producir miedo y llevar a la adaptación, pero también puede dejar el campo libre a nuevas experiencias y miradas. Del desgarro de la situación puede desarrollarse una «inspiración», como Kafka ya escribiera, con la vista puesta en la generación de escritores judíos de entonces y seguramente por propia experiencia.[71] Un ejemplo actual de ello son los escritores de los rincones más lejanos del Imperio británico. Ellos son, justamente, quienes en los últimos años han conquistado la literatura británica, rompiendo el aburrimiento y el cansado escepticismo dominantes, «transformando» la lengua inglesa «con colores deslumbrantes, ritmos peculiares y perspectivas distintas».[72]

71. Con la mirada puesta en la reciente generación de escritores judíos, Kafka pudo escribir en una carta de 1921 a Max Brod: «La mayor parte de ellos, que empezaron a escribir en alemán, quería alejarse del judaísmo, las más de las veces con la confusa aprobación de los padres (esa falta de claridad era lo sublevante); lo quería, pero con la pata trasera pegada aún al judaísmo del padre y sin encontrar aún, con la delantera, un terreno nuevo que pisar. La desesperación por ello fue su inspiración». Citado de Marcel Reich-Ranicki, 1993, pág. 29.

72. Iyer, 1996, pág. 9.

Con la concesión del Booker-Prize celebra y honra Londres, cada año, la tradición literaria [...]. En 1981 el premio fue para *Hijos de la medianoche*, de Salman Rushdie, la turbulenta y bien caracterizada epopeya de la India moderna. A partir de entonces, ha sido concedido a dos australianos, a un neozelandés de antepasados maoríes, a un sudafricano, a una escritora de origen polaco, a un nigeriano, a un japonés emigrado, a un irlandés y a un escocés [...].

En 1992, el premio Barry Undsworth, dotado con 20.000 libras, se lo repartieron entre un inglés, casado con una finlandesa y que vive en Italia [...], y Michael Ondatjee, originario de Sri Lanka y con antepasados indios, holandeses e ingleses, escolarizado en Gran Bretaña y que vive, desde hace mucho tiempo, en Canadá y tiene hermanos en cuatro continentes [...]. Cinco días antes, el premio Nobel de Literatura fue concedido a Derek Walcott, un poeta nacido en Santa Lucía, de origen africano, holandés e inglés, y que ahora vive entre Boston y Trinidad, un «hijo partido», como se llama a sí mismo.[73]

Aquí ha surgido un nuevo grupo de *translated men* —gente «trasladada» o «traducida»—, según la denominación de Salman Rushdie, él mismo uno de ellos.[74] Común a todas estas personas es su esperanza[75] de que la madeja de relaciones se extienda por todo el mundo y puedan así buscar, en todas las tradiciones imaginables, lo que necesitan y quieren.

73. *Ibid.*
74. Citado en *ibid.*, pág. 10.
75. *Ibid.*, pág. 12.

> Todos se han apostado junto a encrucijadas, desde donde poder observar y pensar los nuevos desarrollos y transformaciones de nuestra cada vez más pequeña e indefinible aldea global. Indios que describen un Londres que se parece más a Bombay que el propio Bombay; novelistas japoneses que no pueden leer novelas japonesas; chinos que escriben sobre una China que sólo conocen por los relatos de su madre, todos ellos son seres anfibios, que no tienen tanto una patria antigua y una nueva patria cuanto, más bien, dos medias patrias a la vez. Todos pueden definirse en cierto modo diciendo que son indefinibles.[76]

Aplicado al ámbito sociológico se podría decir: estos nuevos habitantes de la aldea global no son pulverizados por la presión de los intentos de clasificación social, sino que sacan su fuerza de esa fricción constante. Señalan —en todo caso si las circunstancias son favorables— hacia el lado exitoso de los procesos de individualización, hacia las posibilidades que encierran esas «arriesgadas libertades».[77] La inseguridad biográfica, entendida así, presenta de continuo esa doble cara. Puede ser un peso, pero también dejar libre para jugar con las categorías rígidas, para una mirada más aguda, y acaso también para la risa, la más desarmada de todas las armas. Puede servir a los seres humanos de acicate que les haga convertirse en «perturbadores del sosiego»[78] (concepto que Reich-Ranicki utiliza para describir el papel de los judíos en la literatura alemana).

Walter White, estadounidense de origen mixto, ha formulado la experiencia que a él mismo le ha acuñado

76. *Ibid.*
77. Beck y Beck-Gernsheim, 1994.
78. Reich-Ranicki, 1993.

de la forma siguiente: «Yo soy blanco y yo soy negro, y sé que no hay diferencia entre ambos. Cada cosa proyecta una sombra, y todas las sombras son oscuras».[79]

Acaso cuando esta clase de experiencias se abran paso ocurrirá lo que dijo Michael Walzer: «Cuando se multipliquen las identidades, las pasiones se escindirán [...] y el planeta empezará a tener el aspecto de un lugar un poco menos peligroso».[80]

En apoyo de la esperanza que aquí apunta hay ejemplos tanto en la historia como en la actualidad. Estudios realizados sobre las «familias mixtas» revelan que muchas de las personas que viven en ellas comienzan —gracias a las experiencias de sus miembros y de sus hijos— a percibir de un modo nuevo su entorno y a rebelarse contra lo que hasta entonces les había sido habitual.[81] Aprenden a ver no únicamente lo que es una abierta discriminación, sino incluso la fina red de sordos prejuicios, de valoraciones apenas desveladas, de limitaciones de las que apenas se es consciente que penetran, como si fuera lo más natural, en la vida diaria. Recuérdese también, como ejemplo histórico, la llamada «protesta de mujeres en la Rosenstraße», una espectacular y exitosa acción de resistencia en tiempos del nacionalsocialismo.[82] Se trataba de una rebelión pública de muchos centenares de personas, sobre todo mujeres «arias», que vivían en lo que se llamaba un «ma-

79. White, 1969, pág. 366.

80. Walzer, 1992, pág. 136.

81. Véase, por ejemplo, Rosenblatt y otros, 1995, pág. 215 y sigs.; Alibhai-Brown y Montague, 1992.

82. Stolzfus, 1989, 1996; Jochheim, 1993; *Der Spiegel*, nº 8, 1993, págs. 58-68.

trimonio mixto». Cuando, en febrero de 1943, se ordenó en Berlín la deportación de sus maridos e hijos se reunieron en la calle, permaneciendo allí durante días y exigiendo en coro la liberación de los suyos. Y para apoyarlas se agregaron otros parientes y amigos «arios», entre ellos algunos de antiguas familias de renombre, incluso nobles, y hasta un soldado con el uniforme del ejército y una mujer que llevaba el distintivo dorado del partido nazi: la mujer del alcalde de Potsdam, cuya hermana estaba casada con un judío.

Si tenemos en cuenta estos ejemplos, empezamos a intuir por qué las personas que se mueven entre distintas culturas y naciones representan, de hecho, al menos en un cierto sentido, un problema de orden público, pues tales personas podrían constituir un ejemplo de «espíritu levantisco» y contagiar, con ello, a otras personas. Esto hace de ellas personas «no fiables» y, por ello, sospechosas. Son focos de peligros y nidos de resistencia potencial. Pueden atreverse a mirar más allá de los límites prefijados de antemano, haciendo mella en su carácter arbitrario, ocasional, casual, oponiéndose al poder de la costumbre. Esto las hace incómodas. Representan una subversión.

¿Podrían ellos, los que no se ajustan a las normas, hacer saltar en cualquier parte los «gruesos muros de la servidumbre»? Como hemos dicho, si tal cosa se consiguiera, se vería como algo realmente impropio e imperdonable.

Bibliografía

Aichinger, Ilse, *Die größere Hoffnung*, Francfort, Fischer, 1976.

Alibhai-Brown, Yasmin y Anne Montague, *The Colour of Love: Mixed Race Relationships*, Londres, Virago, 1992.

Arjouni, Jakob, *«Ein Mann, ein Mord»: Ein Kayankaya-Roman*, Zürich, Diogenes, 1991.

Bach, H. y otros, «Orientierung humangenetischer Betreuung – genetische Beratung in der DDR», *Medizinische Genetik*, nº 4, 1990, págs. 40-42.

Bade, Klaus J., «Paradox Bundesrepublik: Einwanderungssituation ohne Einwanderungsland», en Klaus J. Bade (comp.), *Deutsche im Ausland, Fremde in Deutschland: Migration in Geschichte und Gegenwart*, Munich, Beck, 1992.

Badura, Bernhard (comp.), *Soziale Unterstützung und chronische Krankheit*, Francfort, Suhrkamp, 1981.

Beck, Ulrich, *Risikogesellschaft: Auf dem Weg in eine andere Moderne*, Francfort, Suhrkamp, 1986 (trad.

cast.: *La sociedad del riesgo: hacia una nueva modernidad*, Barcelona, Paidós, 1998).

—, «Das Zeitalter der Nebenfolgen und die Politisierung der Moderne», en Ulrich Beck, Anthony Giddens y Scott Lash, *Reflexive Modernisierung: Eine Kontroverse*, Francfort, Suhrkamp, 1996, págs. 19-112 (trad. cast.: *Modernización reflexiva: política, tradición y estética en el orden social moderno*, Madrid, Alianza, 1997).

Beck, Ulrich y Elisabeth Beck-Gernsheim, *Das ganz normale Chaos der Liebe*, Francfort, Suhrkamp, 1990 (trad. cast.: *El normal caos del amor: las nuevas formas de la relación amorosa*, Barcelona, Paidós, 2001).

—, «Nicht Autonomie, sondern Bastelbiographie», *Zeitschrift für Soziologie*, año 22, nº 3, junio de 1993, págs. 178-187.

— (comps.), *Riskante Freiheiten: Individualisierung in modernen Gesellschaften*, Francfort, Suhrkamp, 1994.

—, «Individualisierung in modernen Gesellschaften: Perspektiven und Kontroversen einer subjektorientierten Soziologie», en Ulrich Beck y Elisabeth Beck-Gernsheim (comps.), *Riskante Freiheiten: Individualisierung in modernen Gesellschaften*, Francfort, Suhrkamp, 1994, págs. 10-39.

Beck-Gernsheim, Elisabeth, «Vom "Dasein für andere" zum Anspruch auf ein Stück "eigenes Leben"», *Soziale Welt*, vol. 34, nº 3, 1983, págs. 307-340.

—, *Mutterwerden – der Sprung in ein anderes Leben*, Francfort, Fischer, 1989.

—, «Nur der Wandel ist stabil: Zur Dynamik der Familienentwicklung», *Familiendynamik*, nº 3, 1996a, págs. 284-304.

—, «Generation und Geschlecht», en Eckart Liebau y Christoph Wulf (comps.), *Generation: Versuche über eine pädagogisch-anthropologische Grundbedingung*, Weinheim, Deutscher Studienverlag, 1996b, págs. 24-41.

—, *Die Kinderfrage: Frauen zwischen Kinderwunsch und Unabhängigkeit*, 3ª ed. aum., Munich, Beck, 1997a.

—, «Geburtenrückgang und Kinderwunsch – die Erfahrung in Ost-Deutschland», *Zeitschrift für Bevölkerungswissenschaft*, nº 1, 1997b, págs. 59-71.

—, «Vom Kinderwunsch zum Wunschkind: Erscheint», en Eckart Liebau (comp.), *Generationen*, Munich, Juventa, 1997c.

—, «Schwarze Juden und griechische Deutsche: Ethnische Zuordnung im Zeitalter der Globalisierung. Erscheint», en Ulrich Beck (comp.), *Perspektiven der Weltgesellschaft*, Francfort, Suhrkamp, 1998.

Berger, Brigitte y Peter L. Berger, *The War over the Family: Capturing the Middle Ground*, Garden City, Nueva York, Anchor Press/Doubleday, 1983.

—, *In Verteidigung der bürgerlichen Familie*, Reinbek, Rowohlt, 1984.

Berger, Peter L. y Hansfried Kellner, «Die Ehe und die Konstruktion der Wirklichkeit», *Soziale Welt*, vol. 16, nº 3, 1965, págs. 220-235.

Berger, Peter L., Brigitte Berger y Hansfried Kellner, *Das Unbehagen in der Modernität*, Francfort, Fischer, 1975.

Bertram, Hans, «Die Stadt, das Individuum und das Verschwinden der Familie», *Aus Politik und Zeitgeschichte*, nºs 29-30, 22 de julio de 1994, págs. 15-35.

Biel, Maria, «Ähnlichkeit mit lebenden Personen erwünscht», *Süddeutsche Zeitung Magazin*, nº 5, 6 de enero de 1995, págs. 28-32.

Blasius, Dirk, *Ehescheidung in Deutschland im 19. und 20. Jahrhundert*, Francfort, Fischer, 1992.

Blatt, Robin J., *Bekomme ich ein gesundes Kind? Chancen und Risiken der vorgeburtlichen Diagnostik*, Reinbek, Rowohlt, 1991.

Borscheid, Peter, «Zwischen privaten Netzen und öffentlichen Institutionen: Familienumwelten in historischer Perspektive», en Deutsches Jugendinstitut (comp.), *Wie geht's der Familie? Ein Handbuch zur Situation der Familien heute*, Munich, Kösel, 1988, págs. 271-280.

Boston, Sarah, *Too Deep for Tears*, Londres, Pandora, 1994.

Boston Women's Health Book Collective, The, *Unser Körper, unser Leben*, vol. 2, Reinbek, Rowohlt, 1987 (trad. cast.: *Nuestros cuerpos, nuestras vidas,* Barcelona, Plaza & Janés, 2000).

Braach, Mile, *Rückblende: Erinnerungen einer Neunzigjährigen*, Francfort, Fischer, 1994.

Bradish, Paula, Gisela Gräning y Tina Kratz, *Reproduktionsmedizin, Gentechnologie, Pränatale Diagnostik und ihre Bedeutung für Frauen: Eine Bestandsaufnahme zur Situation in Hamburg. Bericht im Auftrag des Senatsamtes für Gleichstellung der Freien und Hansestadt Hamburg*, Hamburgo, Herausgegeben vom Senatsamt für die Gleichstellung, 1993.

Brothers, Joyce, *What Every Woman Ought to Know about Love and Marriage*, Ballantine Books, Nueva York, 1985.

Brückner, Peter, *Das Abseits als sicherer Ort: Kindheit*

und Jugend zwischen 1933 und 1945, Berlín, Wagenbach, 1980.

Bundesministerium für Familie, Senioren, Frauen und Jugend (comp.), *Optionen der Lebensgestaltung junger Ehen und Kinderwunsch. Verbundsstudie – Endbericht*, Stuttgart, Kohlhammer, 1997.

Bundesministerium für Familie, Senioren, Frauen und Jugend y Statistisches Bundesamt (comps.), *Wo bleibt die Zeit? Die Zeitverwendung der Bevölkerung in Deutschland*, Wiesbaden, 1995.

Bundesministerium für Forschung und Technologie (comp.), *Ethische und rechtliche Probleme der Anwendung zellbiologischer und gentechnischer Methoden am Menschen: Dokumentation eines Fachgesprächs im Bundesministerium für Forschung und Technologie*, Munich, 1984.

Cherlin, Andrew J., *Marriage, Divorce, Remarriage*, Cambridge y Londres, Harvard University Press, 1992.

Clarke, Angus, «Introduction», en Angus Clarke (comp.), *Genetic Counselling: Practice and Principles*, Londres y Nueva York, Routledge, 1994, págs. 1-28.

Coester-Waltjen, Dagmar, «Die Rollen von Mann und Frau im deutschen Familienrecht seit 1900», en Venanz Schubert (comp.), *Frau und Mann: Geschlechterdifferenzierung in Natur und Menschenwelt*, Ottilien, Eos Verlag, 1994, págs. 165-186.

Davis, F. James, *Who is Black? One nation's definition*, University Park, Pennsylvania, The Pennsylvania State University Press, 1991.

Diekmann, Andreas y Henriette Engelhardt, «Die soziale Vererbung des Scheidungsrisikos: Eine empirische Untersuchung der Transmissions-hypothese mit dem deutschen Familiensurvey», *Zeitschrift für Soziologie*, nº 3, junio de 1995a, págs. 215-218.

—, «Wird das Scheidungsrisiko vererbt?», *ISI* (*Informationsdienst Soziale Indikatoren*), nº 4, julio de 1995b, págs. 1-5.

Diewald, Martin, «Hilfebeziehungen und soziale Differenzierung im Alter», *Kölner Zeitschrift für Soziologie und Sozialpsychologie*, nº 4, 1993, págs. 731-754.

Dorbritz, Jürgen, «Bericht 1994 über die demographische Lage in Deutschland», *Zeitschrift für Bevölkerungswissenschaft*, año 19, nº 4, 1993-1994, págs. 393-473.

Dunkel, Wolfgang, «Altenpflege – und der Rest des Lebens. Bericht über eine empirische Untersuchung von Altenpflegekräften», manuscrito, Munich, Universität Munich, Sonderforschungsbereich 333, 1993.

Elschenbroich, Donata, «Eine Familie – Zwei Kulturen», en Deutsches Jugendinstitut (comp.), *Wie geht's der Familie?*, Munich, Kösel, 1988, págs. 363-370.

Erler, Gisela y otros, *Kind? Beruf? Oder beides? Eine repräsentative Studie über die Lebenssituation und Lebensplanung junger Paare zwischen 18 und 33 Jahren in der Bundesrepublik Deutschland im Auftrag der Zeitschrift Brigitte*, Hamburg, Herausgegeben von der Zeitschrift Brigitte, 1988a.

—, «Männerwelten – Frauenwelten oder: Wer hat es besser?», *DJI-Bulletin*, nº 10, invierno de 1988b.

Field, Martha A., *Surrogate Motherhood: The Legal and Human Issues*, Cambridge y Londres, Harvard University Press, 1988.

Flitner, Andreas, *Konrad, sprach die Frau Mama... Über Erziehung und Nicht-Erziehung*, Berlín, Severin und Siedler, 1982.

Frevert, Ute, «“Fürsorgliche Belagerung”: Hygienebewegung und Arbeiterfrauen im 19. und frühen 20. Jahrhundert», *Geschichte und Gesellschaft*, año 11, nº 4, 1985, págs. 420-446.

—, «Die alte Unübersichtlichkeit: Familie im Wandel», manuscrito, Konstanz, 1996.

Fthenakis, Wassilios E., «Kindliche Reaktionen auf Trennung und Scheidung», *Familiendynamik*, nº 2, abril de 1995, págs. 127-154.

Fuchs, Renate, Elke Barbian y Giselind Berg, «Die Technisierung der Fortpflanzung: Zum Stand der In-vitro-Fertilisation in der BRD. Abschlußbericht an die Deutsche Forschungsgemeinschaft», manuscrito hectografiado, Berlín, 1994.

Fünfter Familienbericht, *Familien und Familienpolitik im geeinten Deutschland*, Bonn, Herausgegeben vom Bundesministerium für Familie und Senioren, 1994.

Furstenberg, Frank F., «Fortsetzungsehen: Ein neues Lebensmuster und seine Folgen», *Soziale Welt*, nº 1, 1987, págs. 29-39.

Furstenberg, Frank F. y Andrew J. Cherlin, *Divided Families: What Happens to Children when Parents Part*, Cambridge y Londres, Harvard University Press, 1991.

Gates, Henry Louis, *Colored People*, Londres, Penguin, 1995.

Geissler, Birgit y Mechthild Oechsle, «Lebensplanung als Konstruktion», en Ulrich Beck y Elisabeth Beck-Gernsheim (comps.), *Riskante Freiheiten: Zur Individualisierung von Lebensformen in der Moderne*, Francfort, Suhrkamp, 1994, págs. 139-167.

Geyer, Michael, «“Sie nehmen die Kälte nicht wahr”: “Westdeutsche” aus der Sicht eines “Ostdeutschen”», en Elmar Brähler y Hans-Jürgen Wirth (comps.), *Entsolidarisierung: Die Westdeutschen am Vorabend der Wende und danach*, Opladen, 1995, págs. 217-237.

Giddens, Anthony, *Modernity and Self-Identity: Self and Society in Late Modern Age*, Cambridge, Polity Press, 1991 (trad. cast.: *Modernidad e identidad del yo: el yo y la sociedad en la época contemporánea*, Barcelona, Edicions 62, 1995).

—, «Leben in einer posttraditionalen Gesellschaft», en Ulrich Beck, Anthony Giddens y Scott Lash, *Reflexive Modernisierung: Eine Kontroverse*, Francfort, Suhrkamp, 1996, págs. 113-194 (trad. cast.: *Modernización reflexiva: política, tradición y estética en el orden social moderno*, Madrid, Alianza, 1997).

—, *Jenseits von Links und Rechts: Die Zukunft radikaler Demokratie*, Francfort, Suhrkamp, 1997 (trad. cast.: *Más allá de la izquierda y la derecha*, Madrid, Cátedra, 1996).

Goodman, Ellen, «A Perpetual Rush Hour for Baby Boomers», *International Herald Tribune*, 14 de septiembre de 1995, pág. 11.

—, «How Time and the Lilacs Go by so Very Quickly», *International Herald Tribune*, 25 de junio de 1996, pág. 9.

Gross, Leonard, *Versteckt: Wie Juden in Berlin die Nazi-Zeit überlebten*, Reinbek, Rowohlt, 1983.

Habermas, Jürgen, *Faktizität und Geltung*, Francfort, Suhrkamp, 1992 (trad. cast.: *Facticidad y validez: sobre el derecho y el Estado democrático de derecho en términos de teoría del discurso*, Madrid, Trotta, 1998).

Hall, David R., «Marriage as a Pure Relationship: Exploring the Link Between Premarital Cohabitation and Divorce in Canada», *Journal of Comparative Family Studies*, nº 1, 1996, págs. 1-11.

Hallson, Fridrik, «Lebensweltliche Ordnung in der Metropole», en Wilhelm Heitmeyer y Rainer Dollase (comps.), *Die bedrängte Toleranz*, Francfort, Suhrkamp, 1996, págs. 271-312.

Hammes, Winfried, «Ehescheidungen 1995», *Wirtschaft und Statistik*, nº 12, 1996, págs. 770-776.

Hardach-Pinke, Irene, *Interkulturelle Lebenswelten: Deutsch-japanische Ehen in Japan*, Francfort, Campus, 1988.

Haslinger, Alois, «Uneheliche Geburten in Österreich: Historische und regionale Muster», *Demographische Informationen*, 1982, págs. 2-33.

Häußler, Monika, «Von der Enthaltsamkeit zur verantwortungsbewußten Fortpflanzung: Über den unaufhaltsamen Aufstieg der Empfängnisverhütung und seine Folgen», en Monika Häußler, Cornelia Helfferich, Gabriele Walterspiel y Angelika Wetterer, *Bauchlandungen: Abtreibung –Sexualität– Kinderwunsch*, Frauenbuchverlag, Munich, 1983, págs. 58-73.

Hecht, Ingeborg, *Als unsichtbare Mauern wuchsen: Eine deutsche Familie unter den Nürnberger Rassengesetzen*, Hamburgo, Hoffmann und Campe, 1984.

Heine-Wiedemann, Dagmar y Lea Ackermann, *Umfeld und Ausmaß des Menschenhandels mit ausländischen Mädchen und Frauen: Schriftenreihe des Bundesministers für Frauen und Jugend*, nº 8, Stuttgart, Kohlhammer, 1992.

Heller, Agnes, «Die Zerstörung der Privatsphäre durch die Zivilgesellschaft», *Ästhetik und Kommunikation*, nºs 85-86, mayo de 1994, págs. 23-35.

Hennen, Leonhard, Thomas Petermann y Joachim

Schmitt, *Genetische Diagnostik – Chancen und Risiken: Der Bericht des Büros für Technikfolgen-Abschätzung zur Genomanalyse*, Berlín, Sigma, 1996.

Hepp, Hermann, «Ethische Probleme am Anfang des Lebens», en Ludger Honnefelder y Günter Rager (comps.), *Ärztliches Urteilen und Handeln: Zur Grundlegung einer medizinischen Ethik*, Francfort, Insel, 1994, págs. 237-283.

Hermann, Helga, «Ausländische Jugendliche in Ausbildung und Beruf», *Aus Politik und Zeitgeschichte*, nº 35, 1995, págs. 23-29.

Hesse, Hans Albrecht, *Der Schutzstaat: Rechtssoziologis che Skizzen in dunkler Zeit*, Baden-Baden, Nomos, 1994.

Heuermann, Paul, «Verfassungsrechtliche Probleme der Schwangerschaft einer hirntoten Frau», *Juristenzeitung*, nº 3, 1994, págs. 133-139.

Hildebrandt, Karin y Svendy Wittmann, «Lebensziel Kinder?», *Die Frau in unserer Zeit*, nº 4, 1996, págs. 35-41.

Hochschild, Arlie y Anne Machung, *Der 48-Stundentag: Wege aus dem Dilemma berufstätiger Eltern*, Viena y Darmstadt, Zsolnay Verlag, 1990.

Hoffmann-Riem, Christa, «Chancen und Risiken der gentechnologisch erweiterten pränatalen Diagnostik: Eine qualitative Studie bei Klienten humangenetischer Beratungsstellen», manuscrito, Hamburgo, 1988.

Hradil, Stefan, «Die Sozialstruktur Deutschlands im europäischen und internationalen Vergleich», en Bernhard Schäfers (comp.), *Gesellschaftlicher Wandel in Deutschland. Sechste Auflage*, Stuttgart, Enke, 1995, págs. 286-321.

—, *Die «Single»-Gesellschaft*, Munich, Beck, 1995.

—, «Überholen ohne Einzuholen? Chancen subjektiver Modernisierung in Ostdeutschland», en J. Kollmorgen y otros (comps.), *Sozialer Wandel und Akteure in Ostdeutschland*, Opladen, Westdeutscher Verlag, 1996, págs. 55-79.

Imhof, Arthur E., *Reife des Lebens: Gedanken eines Historikers zum längeren Dasein*, Munich, Beck, 1988.

Iyer, Pico, «The Empire Writes Back: Am Beginn einer neuen Weltliteratur?», *Neue Rundschau*, nº 1, 1996, págs. 9-19.

Jochheim, Gernot, *Frauenprotest in der Rosenstraße*, Berlín, Hentrich, 1993.

Jopt, Uwe, «Scheidungskinder – Problemkinder?», en *Pädagogik*, nºs 7-8, 1997, págs. 16-20.

Kaufmann, Franz-Xaver, «Familie und Modernität», en Kurt Lüscher, Franz Schultheis y Michael Wehrspaun (comps.), *Die «postmoderne» Familie*, Konstanz, Universitätsverlag Konstanz, 1988, págs. 391-415.

—, *Zukunft der Familie im vereinten Deutschland*, Munich, Beck, 1995.

Kaufmann, Franz-Xaver y otros, *Familienentwicklung in Nordrhein-Westfalen*, Universität Bielefeld, col. «IBS-Materialien», nº 17, 1984.

Kentenich, Heribert y otros, «Am schlimmsten ist das Warten: Wie Paare die Invitro-Fertilisation erleben», *Sexualmedizin*, nº 16, 1987, págs. 364-370.

Kleiber, Lore y Eva-Maria Gömusay, *Fremdgängerinnen: Zur Geschichte binationaler Ehen in Berlin von der Weimarer Republik bis in die Anfänge der Bundesrepublik*, Bremen, CON, 1990.

Kohli, Martin, «Gesellschaftszeit und Lebenszeit: Der Lebenslauf im Strukturwandel der Moderne», en

Johannes Berger (comp.), *Die Moderne – Kontinuitäten und Zäsuren*, *Soziale Welt*, nº 4, Göttingen, 1986, págs. 183-208.

Kureishi, Hanif, *The Buddha of Suburbia*, Londres, Faber and Faber, 1990.

Kytir, Josef y Rainer Münz, «Wer pflegt uns im Alter? Lebensformen, Betreuungssituation und soziale Integration älterer Menschen in Österreich», *Zeitschrift für Sozialisationsforschung und Erziehungssoziologie*, nº 4, 1991, págs. 332-354.

Lasch, Christoph, *Haven in a Heartless World: The Family Besieged*, Nueva York, 1977 (trad. cast.: *Refugio en un mundo despiadado: reflexión sobre la familia contemporánea*, Barcelona, Gedisa, 1996).

Leibfried, Stephan y otros, *Zeit der Armut: Lebensläufe im Sozialstaat*, Francfort, Suhrkamp, 1995.

Leigh, Wendy, «How To Make Sure You're Going to Live Happily Ever After – Before You Get Married», *New Woman*, julio de 1985, págs. 44-47.

Lenz, Ilse, Norma Ramil-Weiss y Heidi Thiemann, *Internationaler Frauenhandel: Eine Untersuchung über Prostitution und Heiratshandel in Nordrhein-Westfalen*, Düsseldorf, Herausgegeben vom Ministerium für die Gleichstellung von Frau und Mann des Landes Nordrhein-Westfalen, 1993.

Liebau, Eckart, «Die Drei-Generation-Familie», en Eckart Liebau y Christoph Wulf (comps.), *Generation: Versuche über eine pädagogisch-anthropologische Grundbedingung*, Weinheim, Deutscher Studienverlag, 1996, págs. 13-23.

Makowsky, Arno, *Hausmann mit Tochter*, Munich y Zürich, Piper, 1996.

Mammey, Ulrich y Rolf Schiener, «Das BiB-Aussiedlerpanel – Methodische Überlegungen zur Repräsentativität», *Zeitschrift für Bevölkerungswissenschaft*, nº 2, 1996, págs. 145-170.

Markl, Hubert, «Genetik und Ethik: Rede anläßlich der Verleihung des Arthur-Burkardt-Preises 1989», manuscrito hectografiado, Stuttgart, 26 de abril de 1989.

Mattenklott, Gert, *Über Juden in Deutschland*, Francfort, Jüdischer Verlag, 1992.

Mayer, Karl Ulrich, «Soziale Ungleichheit und Lebensverläufe», en Bernd Giesen y Claus Leggewie (comps.), *Experiment Vereinigung*, Berlín, Rotbuch, 1991, págs. 87-99.

Mayer, Karl Ulrich y Walter Müller, «Lebensverläufe im Wohlfahrtsstaat», en Ansgar Weymann (comp.), *Handlungsspielräume: Untersuchungen zur Individualisierung und Institutionalisierung von Lebensläufen in der Moderne*, Stuttgart, Enke, 1989, págs. 41-60.

McNally, Ruth, «Eugenies Here and Now», *The Genetic Engineer and Biotechnologist*, vol. 15, nºs 2-3, 1995, págs. 135-144.

Mecheril, Paul y Thomas Teo (comps.), *Andere Deutsche: Zur Lebenssituation von Menschen multi-ethnischer und multi-kultureller Herkunft*, Berlín, Dietz, 1994.

Merton, Robert K., «Intermarriage and the Social Structure», en Robert K. Merton, *Sociological Ambivalence and other Essays*, Nueva York, 1976, págs. 217-250 (trad. cast.: *Ambivalencia sociológica y otros ensayos*, Madrid, Espasa-Calpe, 1980).

Merz, B., «Matchmaking scheme solves Tay-Stachs problem», *Journal of the American Medical Association*, nº 258, 1987, págs. 2.636-2.639.

Metz-Göckel, Sigrid y Ursula Müller, *Der Mann: Eine repräsentative Untersuchung über die Lebenssituation und das Frauenbild 20-50jähriger Männer im Auftrag der Zeitschrift Brigitte*, Hamburgo, Herausgegeben von der Redaktion Brigitte, 1985.

Müller-Neumann, Markus y Heike Langenbucher, «Gentechnik und Humangenetik», *Aus Politik und Zeitgeschichte*, vol. 6, nº 91, 1 de febrero de 1991, págs. 3-11.

Napp-Peters, Anneke, *Familien nach der Scheidung*, Munich, Kunstmann, 1995.

Nave-Herz, Rosemarie, «Die Pluralität von Familienformen: Ideologie oder Realität», *Familie und Recht*, nº 2, 1992, págs. 186-191.

Neckel, Sigbard, «Die ethnische Konkurrenz im das Gleiche: Erfahrungen aus den USA», en Wilhelm Heitmeyer (comp.), *Was hält die Gesellschaft zusammen?*, Francfort, Suhrkamp, 1997, págs. 255-275.

Nippert, Irmgard y Jürgen Horst, *Die Anwendungsproblematik der pränatalen Diagnose aus der Sicht von Beratenen und Beratern – unter besonderer Berücksichtigung der derzeitigen und zukünftig möglichen Nutzung genetischer Tests*, Bonn, Gutachten im Auftrag des Büros für Technikfolgen-Abschätzung beim Deutschen Bundestag, 1994.

Nunner-Winkler, Gertrud, «Identität im Lebenslauf», en Psychologie heute (comp.), *Das Ich im Lebenslauf*, Weinheim, Beltz, 1989, págs. 82-106.

Nuscheler, Frank, *Internationale Migration: Flucht und Asyl*, Opladen, Leske und Budrich, 1995.

Oguntoye, Katharina, M. Opitz y D. Schultz (comps.), *Farbe bekennen: Afro-deutsche Frauen auf den Spuren ihrer Geschichte*, Francfort, Fischer, 1992.

Osterland, Martin, «"Normalbiographie" und "Normalarbeitsverhältnis"», en Peter L. Berger y Stefan Hradil (comps.), *Lebenslagen, Lebensläufe, Lebensstile*, Göttingen, Schwartz, 1991, págs. 351-362.

Ostner, Ilona, «Zum letzten Male: Anmerkungen zum "weiblichen Arbeitsvermögen"», en Gertraude Krell y Margit Osterloh (comps.), *Personalpolitik aus der Sicht von Frauen*, Munich, Hampp, 1992, págs. 107-122.

Ostner, Ilona y Peter Boy, *Späte Heirat – Ergebnis biographisch unterschiedlicher Erfahrungen mit «cash» und «care»?*, Bremen, Projektantrag an die DFG, 1991.

Pander, Hans Jürgen, Andreas Artlich y Eberhard Schwinger, «Heterozytogen-Testung bei Muskoviszidose: Eugenik, Prävention oder Instrument der humangenetischer Beratung», *Deutsches Ärzteblatt*, año 89, n°s 51-52, 21 de diciembre de 1992, págs. B2.786-B2.790.

Parsons, Evelyn y Don Bradley, «Ethical issues in newborn screening for Duchenne muscular dystrophy: the question of informed consent», en Angus Clarke (comp.), *Genetic Counselling: Practice and Principles*, Londres y Nueva York, Routledge, 1994, págs. 95-112.

Pohl, Katharina, «Kinderwunsch und Familienplanung in Ost- und West-deutschland», *Zeitschrift für Bevölkerungswissenschaft*, año 20, nº 1, 1995, págs. 67-100.

Pries, Ludger, «Transnationale Soziale Räume: Theoretisch-empirische Skizze am Beispiel der Arbeitswanderungen Mexiko-USA», *Zeitschrift für Soziologie*, nº 6, diciembre de 1996, págs. 456-472.

Rabe-Kleberg, Ursula, «"Zu Diensten!?" – Über das Ende weiblicher Dienstbarkeit und die Zukunft der Sozial– und Pflegeberufe», en Lutz Leisering y otros (comps.), *Moderne Lebensläufe im Wandel*, Weinheim, Deutscher Studienverlag, 1993, págs. 129-141.

Reberg, Lotta, *Mutters Freund und Vaters Frau: Familienleben nach der Trennung*, Reinbek, Rowohlt, 1997.

Reich, Günter, «Kinder in Scheidungskonflikten», en Heiner Krabbe (comp.), *Scheidung ohne Richter: Neue Lösungen für Trennungskonflikte*, Reinbek, Rowohlt, 1991, págs. 59-85.

Reich-Ranicki, Marcel, *Über Ruhestörer: Juden in der deutschen Literatur*, Munich, Deutscher Taschenbuch Verlag, 1993.

Rerrich, Maria S., «Kinder ja, aber... Was es Frauen schwer macht, sich über ihre Kinderwünsche klar zu werden», en Deutsches Jugendinstitut (comp.), *Wie geht's der Familie? Ein Handbuch zur Situation der Familien heute*, Munich, Kösel, 1988, págs. 59-66.

—, «Gemeinsame Lebensführung: Wie Berufstätige einen Alltag mit ihren Familien herstellen», en Karin Jurczyk y Maria S. Rerrich (comps.), *Die Arbeit des Alltags*, Friburgo, Lambertus, 1993, págs. 310-333.

Richards, Martin, «Family, kindship and genetics», en Theresa Marteau y Martin Richards (comps.), *The troubled helix: Social and psychological implications of the new genetics*, Cambridge, Cambridge University Press, 1996, págs. 249-273.

Ringler, Marianne, «Zur Schuldfrage in der psychosomatischen Betreuung bei pränataler Diagnostik», en Heribert Kentenich y otros (comps.), *Psychosomatische Gynäkologie und Geburtshilfe 1993/1994*, Berlín y Heidelberg, Springer, 1994, págs. 106-113.

Rogge, Heinz, «Das Problem des Übertritts farbiger Amerikaner in die weiße Gesellschaft», *Soziale Welt*, vol. 16, nº 2, 1965, págs. 151-166.

Rosenblatt, Paul C., Terri A. Karis y Richard D. Powell, *Multiracial Couples: Black and White Voices*, Thousand Oaks, Sage, 1995.

Rosenkranz, Doris, «Folgen des familialen Wandels für die Pflege älterer Menschen: Familiendemographische Überlegungen», en Hans Peter Buba y Norbert F. Schneider (comps.), *Familie: Zwischen gesellschaftlicher Prägung und individuellem Design*, Opladen, Westdeutscher Verlag, 1996, págs. 209-218.

Rosenstrauch, Hazel, *Aus Nachbarn wurden Juden*, Berlín, 1988.

Roth, Philip, *Mein Leben als Sohn*, Munich, Hanser, 1992 (trad. cast.: *Mi vida como hombre*, Barcelona, Bruguera, 1977).

Rothman, Barbara Katz, *The Tentative Pregnancy: Prenatal Diagnosis and the Future of Motherhood*, Londres, Pandora, 1988.

Scheibler, Petra M., *Binationale Ehen: Zur Lebenssituation europäischer Paare in Deutschland*, Deutscher Studienverlag, Weinheim, 1992.

Schindele, Eva, *Gläserne Gebär-Mütter: Vorgeburtliche Diagnostik – Fluch oder Segen*, Francfort, Fischer, 1990.

Schmalz Jacobsen, Cornelia y Georg Hansen (comps.), *Kleines Lexikon der ethnischen Minderheiten in Deutschland*, Munich, Beck, 1997.

Schmid, Josef, «Die Bevölkerungsentwicklung in der Bundesrepublik Deutschland», *Aus Politik und Zeitgeschichte*, nº 18, 28 de abril de 1989, págs. 3-15.

Schmid, Werner, «Die Prävention des Down-Syndroms (Mongolismus)», *Neue Zürcher Zeitung*, 20 de enero de 1988, pág. 77.

Schmidt, Ulrich y otros, «Verarbeitung des Schwangerschaftsabbruchs nach pathologischem Amniozentesebefund: Schulderleben und Schuldgefühle», en Heribert Kentenich y otros (comps.), *Psychosomatische Gynäkologie und Geburtshilfe 1993/1994*, Berlín y Heidelberg, Springer, 1994, págs. 158-168.

Schneider, Norbert F., «Nichtkonventionelle Lebensformen – moderne Lebensformen? Vortrag auf dem 27. Soziologiekongreß in Halle, April 1995», manuscrito hectografiado.

Schröter, Ursula, «Ostdeutsche Frauen im "verflixten" siebenten Jahr», *Die Frau in unserer Zeit*, nº 4, 1996, págs. 22-28.

Schultz, Hans Jürgen (comp.), *Mein Judentum*, Munich, Deutscher Taschenbuch Verlag, 1986.

Schumacher, Jürgen, «Partnerwahl und Partnerbeziehung», *Zeitschrift für Bevölkerungswissenschaft*, nº 4, 1981, págs. 499-518.

Schwarz, Karl, «Kinder und Jugendliche in den Familien Alleinstehender in Deutschland im Jahr 1991», en *Zeitschrift für Bevölkerungswissenschaft*, año 19, nº 1, 1993-1994, págs. 71-91.

—, «Kinderzahl deutscher Frauen 1992», *BiB-Mitteilungen*, nº 1, 1994, págs. 41-46.

Seidenspinner, Gerlinde y Angelika Burger, *Mädchen '82, Eine Untersuchung im Auftrag der Zeitschrift «Brigitte»*, Hamburgo, Bericht und Tabellen, 1982.

Sommer, Bettina, «Eheschließungen, Geburten und Sterbefälle 1995», *Wirtschaft und Statistik*, nº 4, 1997, págs. 220-225.

Spickard, Paul R., *Mixed Blood. Intermarriage and Ethnic Identity in Twentieth-Century America*, Wisconsin, University of Wisconsin Press, 1989.

Stacey, Judith, «Der Kreuzzug der Revisionisten für Familienwerte in den USA», en L. Christof Armbruster y otros (comps.), *Neue Horizonte? Sozialwissenschaftliche Forschung über Geschlechter und Geschlechterverhältnisse*, Opladen, Leske und Budrich, 1995, págs. 193-218.

Statistisches Bundesamt (comp.), *Familien heute: Strukturen, Verläufe und Einstellungen*, Stuttgart, Metzler Poeschel, 1990.

— (comp.), *Im Blickpunkt: Familien heute*, Stuttgart, Metzler Poeschel, 1995a.

— (comp.), *Im Blickpunkt: Ausländische Bevölkerung in Deutschland*, Stuttgart, Metzler Poeschel, 1995b.

—, «Empfänger/-innen von Erziehungsgeld und/oder Erziehungsurlaub: Zeitreihen 1987-1995», periódico hectografiado, marzo de 1997.

Stierlin, Helm, «Bindungsforschung: eine systemische Sicht», *Familiendynamik*, nº 2, abril de 1995, págs. 201-206.

Stierlin, Helm y Josef Duss-von Werdt, «Zu diesem Heft: Familie als Sozialisationsinstanz», *Familiendynamik*, nº 2, abril de 1995, pág. 125 y sigs.

Stolzfus, Nathan, «"Jemand war für mich da": Der Aufstand der Frauen in der Rosenstraße», *Die Zeit*, nº 30, 21 de julio de 1989, págs. 9-13.

—, *Resistance of the Heart: Intermarriage and the Rosenstrasse Protest in Nazi Germany*, Londres, Norton, 1996.

Strümpel, Burkhard y otros, *Teilzeitarbeitende Männer und Hausmänner: Motive und Konsequenzen einer eingeschränkten Erwerbstätigkeit von Männern*, Berlín, Sigma, 1988.

Teo, Thomas, «"...ich muß mich nicht entscheiden, ich bin beides...": Zur Entwicklung und Sozialisation bi-/multirassischer Identität», en A. Thomas (comp.), *Psychologie und multikulturelle Gesellschaft: Problemanalysen und Problemlösungen*, Göttingen, Verlag für angewandte Psychologie, 1994, págs. 82-93.

Testart, Jacques, *Das transparente Ei*, Francfort y Munich, Schweitzer, 1988 (trad. cast.: *El embrión transparente*, Barcelona, Granica, 1988).

Thränhardt, Dietrich, «Die Lebenslage der ausländischen Bevölkerung in der Bundesrepublik Deutschland», *Aus Politik und Zeitgeschichte*, nº 35, 1995, págs. 3-13.

Tizard, Barbara y Ann Phoenix, *Black, White or Mixed Race? Race and Racism in the Lives of Young People of Mixed Parentage*, Londres, Routledge, 1995.

Tölke, Angelika, «Partnerschaft und Eheschließung – Wandlungstendenzen in den letzten fünf Jahrzehnten», en Hans Bertram (comp.), *Die Familie in Westdeutschland*, Opladen, Leske und Budrich, 1991, págs. 113-157.

Van den Daele, Wolfgang, *Mensch nach Maß? Ethische Probleme der Genmanipulation und Gentherapie*, Munich, Beck, 1985.

—, «Technische Dynamik und gesellschaftliche Moral: Zur soziologischen Bedeutung der Gentechnologie», *Soziale Welt*, vol. 37, nºs 2-3, 1986, págs. 149-172.

Vaskovics, Laszlo A., «Familie im Auflösungsprozeß?», en Deutsches Jugendinstitut (comp.), *Jahresbericht 1990*, Munich, 1991, págs. 186-198.

—, «Wiederentdeckung familialer Lebenswelten – ein Trend?», en Laszlo A. Vaskovics (comp.), *Familie: Soziologie familialer Lebenswelten*, *Soziologische Revue*, nº 3, 1994, págs. 4-17.

Vaskovics, Laszlo A. y Marina Rupp, *Partnerschaftskarrieren: Entwicklungspfade nichtehelicher Lebensgemeinschaften*, Opladen, Westdeutscher Verlag, 1995.

Vaskovics, Laszlo A., Hanspeter Buba y Marina Rupp, «Die Partnerschaft in nichtehelichen Lebensgemeinschaften», *Forschungsforum der Universität Bamberg*, nº 3, 1991, págs. 36-43.

Vierter Familienbericht, *Die Situation der älteren Menschen in der Familie: Herausgegeben vom Bundesministerium für Jugend, Familie, Frauen und Gesundheit*, Bonn, 1986.

Walk, Joseph (comp.), *Das Sonderrecht für die Juden im NS-Staat: Eine Sammlung der gesetzlichen Maßnahmen und Richtlinien – Inhalt und Bedeutung*, con contribuciones de Robert M. Kempner y Adalbert Rükkert, Heidelberg, D. F. Müller Juristischer Verlag, 1981.

Wallerstein, Judith y Sandra Blakeslee, *Gewinner und Verlierer – Männer, Frauen, Kinder nach der Scheidung*, Munich, Droemer Knaur, 1989.

Walzer, Michael, *Zivile Gesellschaft und amerikanische Demokratie*, Berlín, Rotbuch, 1992.

White, Walter, *A Man Called White*, Salem, New Hampshire, Ayer Company Publishers, 1969.

Wolff, Gerhard y Christine Jung, «Nichtdirektivität und Genetische Beratung», *Medizinische Genetik*, nº 2, 1994, págs. 195-204.

Wood-Harper, Janice y John Harris, «Ethics of human genome analysis: some virtues and vices», en Theresa

Marteau y Martin Richards (comps.), *The troubled helix: Social and psychological implications of the new human genetics*, Cambridge, Cambridge University Press, 1996, págs. 274-294.

Zapf, Wolfgang, «Staat, Sicherheit und Individualisierung», en Ulrich Beck y Elisabeth Beck-Gernsheim (comps.), *Riskante Freiheiten: Individualisierung in modernen Gesellschaften*, Francfort, Suhrkamp, 1994, págs. 296-304.

Zwischenbericht der Enquete-Kommission Demographischer Wandel, *Herausforderungen unserer älter werdenden Gesellschaft an den einzelnen und die Politik*, Bonn, Herausgegeben vom Deutschen Bundestag, 1994.